未来领袖摇篮
系列丛书

**WEILAI
LINGXIUYAOLAN**

LUX ET VERITAS

**YALE
UNIVERSITY**

刘彦慧｜编著

耶鲁大学
真理与光明

YALE UNIVERSITY
Truce And Bright

中国出版集团
现代出版社

图书在版编目(CIP)数据

真理与光明：耶鲁大学 / 刘彦慧编著. —北京：现代出版社，2013.2
(2021.8重印)

(未来领袖摇篮)

ISBN 978-7-5143-1378-9

Ⅰ.①真… Ⅱ.①刘… Ⅲ.①耶鲁大学—青年读物②耶鲁
大学—少年读物 Ⅳ.①G649.712.8-49

中国版本图书馆CIP数据核字(2013)第026519号

编　　著　刘彦慧
责任编辑　李　鹏
出版发行　现代出版社
通讯地址　北京市安定门外安华里504号
邮政编码　100011
电　　话　010-64267325 64245264(传真)
网　　址　www.xdcbs.com
电子邮箱　xiandai@cnpitc.com.cn
印　　刷　北京兴星伟业印刷有限公司
开　　本　700mm×1000mm 1/16
印　　张　12
版　　次　2013年2月第1版　2021年8月第3次印刷
书　　号　ISBN 978-7-5143-1378-9
定　　价　32.00元

前 言
QIAN　YAN

　　如今已步入不惑之年,记忆中的一些事情好多都已如烟消云散,不过有一个问题始终萦绕心头,我高中毕业的时候,家里的生活非常艰难,父母为什么还让我读完大学呢?这个问题困扰我已经20年了。终于有一天,我明白了,父母想让我换一种生活方式;他们不希望我沿着他们的生活轨迹前行!

　　古人说:"行万里路,读万卷书。"这句话实在深刻! 对现代人而言,行万里路易,读万卷书难。科技的车轮正以惊人的速度滚滚向前,终日在电脑和千奇百怪的机器前忙碌的现代人,用电线、光缆、轨道和航线把地球变成一个村落,点击鼠标,我们可以在世界的任何一个角落把自己随意粘贴。好多人已经认为读书没什么用! 读书是在浪费生命。于是,面对现代文明,缺少了读大学修炼的底蕴。我们频繁遭遇对面相逢不相识的尴尬,不断地积聚那些源自心底的陌生。为此,我们渴望一种深层的理解,渴望一种心灵的历练,以让脚步和心灵能够行得更远。

　　大学有着上千年文化的厚厚沉积,大学有着上千年文明的跌宕起伏,大学有着上千年社会的沧桑巨变,这足以让你惊叹,让你震撼。大学给你的感觉是那样空灵,那样清新,那样恬静。追昔抚今,历史的长廊仿佛就在眼前。生命却耐不住"逝者如斯夫"的侵蚀,大学生活也是必需的人生

经历。大学的魅力,与其耳闻,不如亲见。大学生活可以弥补我们时间的缺失,增值属于我们的光阴;大学可以把智慧集腋成裘,让我们的生命成就高品质的价值。

在任何一个团体中,总有某一个人充当着核心的角色,他的言行能够被团体认可,并指引着团体的某一些决策和行动。我们可以把这种人所具备的人格魅力称为"领袖气质"。环境是一种氛围,一种智慧,一种"隐性课程"。我国古代有"孟母三迁"的故事,说明环境对人才成长的重要性。

在良好的教育环境中,人才更能轻松愉快、自由主动地去发现、思考和探索,从中获得知识经验,在情感、信念、意志、行为和价值观等方面得到潜移默化的熏陶;成长环境有助于显示今天的行动与明天的结果之间存在的永久联系。在这里,曾经出现过无数的政治、经济、军事、文化等各个行业的领军人物。他们用行动证明:最具实力、特点的学府,才能真正缔造别具一格的人才。

本丛书选了最具代表性的世界名校20所。通过对这些名校的概况、教学特点、培养的名人等的介绍,意在深度挖掘人才成功之路上不为人知的细节,同时剖析名校培养人才的根本原因所在,是一部您一定要读的人生枕边书。

尽管我们付出了诸多辛苦,然而由于时间紧迫和能力所限,书稿错讹之处在所难免。敬请各方面的专家学者和广大读者批评指正。我们不胜感激!

编者

2012年11月

耶鲁大学
YE LU DA XUE

目　录

开　篇　大学是未来领袖的摇篮

大学,是社会的良心,是天才的渊薮,是文化与思想的栖息地,也是每一个青少年成为未来领袖的摇篮。每所大学都有独特的文化和性格。一所大学能反映一个城市甚至一个国家的精神气质。大学是今天与未来的桥梁,认识一所大学,可以树立一个梦想;树立一个梦想,可以创造一个人生。

第一章　人文主义高地

如果说耶鲁大学注重并长于研究生教育,威廉玛丽学院闻名于本科生教育,那么耶鲁大学则是双脚走路,齐头并进。其教育的核心目标是培养学生的人文精神,使人类在"光明与真知"之下幸福地生活。

第二章 美国政治领袖的摇篮

独特的"领导者教育"也是耶鲁大学的一大特色。从挑选学生开始,领导才能和潜力就成为决定学生是否能被录取的重要标准。

第三章 耶鲁大学的文化底蕴

耶鲁大学文化品格的核心是保守。有了大学的保守,才使得大学创新型人才辈出,创新成果不穷。认识大学的保守文化,才会按规律办学,才会对大学的变革报以合理的期待。

第四章　耶鲁大学的素质教育

在世界著名高等学府中，耶鲁大学的素质教育被公认为是成功的。耶鲁大学能够广受称赞，这不是偶然的现象，而是它一贯执行高质量的择生标准和始终秉承先进的教育理念的必然结果。

开　篇　大学是未来领袖的摇篮

　　大学，是社会的良心，是天才的渊薮，是文化与思想的栖息地，也是每一个青少年成为未来领袖的摇篮。每所大学都有独特的文化和性格。一所大学能反映一个城市甚至一个国家的精神气质。大学是今天与未来的桥梁，认识一所大学，可以树立一个梦想；树立一个梦想，可以创造一个人生。

领袖是怎样炼成的

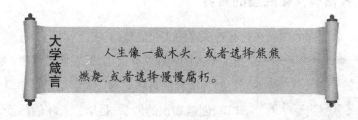

大学箴言

人生像一截木头，或者选择熊熊燃烧，或者选择慢慢腐朽。

做一个出类拔萃的领袖

要想真正成为一名出类拔萃的领袖,必须在工作、生活各个方面具备过硬的素质。从某种意义上说,领袖必须成为人民的理想楷模。这不仅是指通常所理解的"德",而且也是指同样重要的"智"。一个真正的领袖必须拥有远大的抱负,拥有异于常人的智慧,超常的适应能力,服务大众的态度和引导舆论的能力。

一个好领袖必是一个好的聆听者, 并掌握与人沟通、表情达意的技巧。他充满自信,具有很强的分析能力,亦必毅力过人,并能不断自省以求进。英国首相温斯顿·丘吉尔说过:"成功不是终点,失败也并非末日。最重要的是具备勇气,一直前行。"当一个人为实现梦想苦苦追寻的时候,需要这样一种意志和品格。

坚持,是一种信念。无论在国内,还是在国外,要获得最美丽的人生,

要实现自己最大的价值,要能够对社会、对他人有所回报,就要坚持自己的目标和梦想。

坚持,是一种过程。这个世界上,天上掉馅饼的事儿几乎为零,或者没有什么事情是一蹴而就的。在梦想实现之前,需要耐得住寂寞、孤独和暂时的不成功。

坚持,是一种生活方式。学习也好,工作也好,生活也好,都需要用一种坚持的态度去完成。这种生活方式可以磨练自己的意志力。坚持住人生信念,没有什么困难是不可以克服的。

做富有文化底蕴的智者

一个优秀的领袖必然有着深厚的文化底蕴,其实也就是文气。文气是指一个人的内在文化底蕴、外在儒雅气质、文化修养、精神境界的自然显露。大学是保存知识、传播知识、创造知识的殿堂,是培养人才的摇篮,是先进文化的策源地和辐射源。大学领导者作为知识分子的领袖、楷模和标尺,如果自身没有知识、没有文化、没有学问,即没有所谓的"文气",就不会得到师生的尊重、敬仰和爱戴,就很难引领大学的发展。

> **【领袖语录】**
>
> 读书时不可有己见;读书后不可无己见。

修炼文气,须多读书,成为大学者。"腹有诗书气自华"。要养成儒雅的文气,就必须博学多识,不仅学习教育学、心理学、管理学、领导学、经济学等知识,还要多读经典古文、传统诗词、名家名篇,广泛涉猎经济、政治、文化、社会等各方面,学贯中西、通晓古今,努力成为著名学者。纵观做出卓著成绩的校长,他们都是某个学科领域的专家,同时也对人文社会科学知识有深厚的积淀。如北京大学原校长蔡元培是哲学家、美学家,还通晓教育学、心理学、生理学,堪称大学问家。

修炼文气,须多思考,成为思想家。文气的养成是为了提高个人素养,促进工作实践,而思考是学习与行动的桥梁,"学而不思则罔"。思考形成思维,思维产生观念,观念形成思想,思想决定行动。因此,大学领导者必须学会思考,并多思考。要明了大学的性质,知晓大学的历史,把握大学面对的环境和拥有的资源,把文气的养成与改造思想结合起来,与指导实践结合起来,与解决实际问题结合起来。历史证明,成功的大学领导者,一般都是深邃的思考者。譬如,哈佛大学校长博克曾著《超越象牙塔》,指出现代大学不能回避为社会的进步和国家的利益服务;芝加哥大学校长赫钦斯曾著书《高深学问》,反对功利主义,倡导博雅教育;耶鲁大学校长吉亚麦提曾著《大学和公众利益》,探讨大学的性质和在社会中的作用;加州大学校长克尔曾著《大学的功用》,提出了巨型大学的概念。由于他们对大学有深入的思考,不随波逐流,从而把大学办出了特色,推上了新台阶。

修炼文气,须多谋划,成为谋略家。大学领导者是学校的规划设计者,历史上有卓越成就的大学领导者都是优秀的谋略大师。卡迪夫大学前任校长史密斯爵士曾说过,作为领导者,他必须将四分之三的时间花在思考学校方向和战略上,他认为,"校长就是要将自己的办学战略和价值理念传播出去,让学校所有员工接受,然后选择合适的人去实现这些策略。"中国的大学校长都曾经或正在谋划制定"大学发展战略规划、大学学科和师资队伍建设规划、大学校园发展规划",引领大学的发展和振兴。事实证明,大学

【领袖语录】

所谓年轻的心,就是总有一扇门敞开着,等待未来闯进。

领导者只有经常围绕"建设一个什么样的大学,怎样建设这样的大学"的问题潜心思考,精心谋划,才能认准大学发展的根本方向,不至于随着各种思潮的冲击而左右摇摆。

浩然正气的力量

一个优秀的领袖还必须有正气。孟子曰:"吾善养吾浩然之气。"文天祥说:"天地有正气,杂然赋流形。下则为河岳,上则为日星。于人曰浩然,沛乎塞苍冥。"对大学领导者来说,正气就是不媚俗,能引领社会发展潮流。

修炼正气，须不媚俗。大学既要防止"滞后于社会"的弊端，但又不简单地"迎合时尚"。这就要求大学领导者的办学理念和行为方式必须因时而变，成为"对现在和未来都会产生影响的一种力量"。但这种适度而明智的变化不是无原则、无限度的，必须是"根据需求、事实和理想所做的变化"。罗伯特·M·赫钦斯在《学习社会》一书中直言不讳地追问："大学究竟是为社会服务还是批评社会？是依附于社会还是独立于社会？是一面镜子还是一座灯塔？是迎合眼前的实际需要，还是传播及光大高深文化？"这些都需要我们深思。

有几个充分表明大学校长不媚俗的例子：1986年哈佛大学校庆，当时的美国总统里根希望获得哈佛大学名誉博士的称号，但哈佛大学校长德雷克·博克予以拒绝："里根可以成为美国总统，但他难以获得哈佛的博士学位，因为这是学术称号。"人们称之为"两个President之争"。基辛格从国务卿岗位上卸任并退出政坛后，很想回到哈佛大学工作，但被哈佛大学校长婉言谢绝："基辛格是个学识渊博的人。如果论私交，我和他的关系也不坏。但我要的是教授，不是不上课的大人物。"1957年北大校长马寅初在最高国务会议上提出他的"新人口论"，受到当时权威的批判，但他说："我决不向专以力压服，不以理说服的那种批判者们投降。"尽管他被迫辞去北京大学校长职务，全国人大常委之职也被罢免，公众的心中却并未消失，马老正直的身影和铿锵之声；历史证明，马寅初不媚俗，不迷信权威，他掌握了真理。

修炼正气，须能引领。大学不应脱离社会、孤芳自赏，而应当"与社会保持接触"，并"以自己的实力和声望"对科学和重大而紧迫的社会问题、社会现象进行研究，从而对社会可能采取的行动与对策产生影响。赫钦斯说："大学是一个瞭望塔。"在改革社会中应发挥积极的作用，成为承担公共服务的必不可少的工具，应不惜一切代价加强各种创造性的活动，引领社会前进。普林斯顿大学原校长弗莱克斯纳认为：大学必须经常给予学生一些东西，这些东西并不是社会所想要的(want)，而是社会所需要的(needs)。不管社会如何变化，在任何情况下，大学都有对于知识和思想保存的责任,能不断引领社会发展,而不是一味地适应社会。因此,大学领导者应有能力通过引领大学发展来引领社会发展。

底气是做人之本

一个优秀的领袖还必须有底气。底气是做人之根本、根基、根源。底气足,才有真本钱,才有发言权,才有凝聚力和号召力。底气的表现形式就是说话的分量、

> **【领袖语录】**
>
> 不要把知识与智慧混淆,知识告诉你怎样生存,智慧告诉你如何生活。

人格的魅力、个人的影响力,就是群众的归属感、信任感和敬仰感。作为大学领导者,必须要有充足的底气。有了充足的底气,才能确立威信,促进事业的兴旺发达,实现大学的价值。充足的底气需要磨练和积累,需要全身心地培育和修炼。

修炼底气,须立大志。底气源于理想和信念。理想和信念是大学领导者的基本内在修养。大学最根本的社会功能就是储存、创造和传递人类文明。大学要创造新的人类文明就要为了真理而追求真理。追求真理本身就是目的,因此,它天然地反对功利主义。大学还要负载价值,守望社会精神文明,给人类以极大关怀。因此大学领导者要树立追求真理、献身真理的大志向。要坚信我们所从事的事业是正义的事业,是伟大的事业,责任崇高而神圣,任务光荣而艰巨。

修炼底气,须善实践。能力是底气的表现。大学领导者在专业上要做专家,管理上要做行家,必须勤于实践善于实践。以华中科技大学历任领导者为例,他们都是善于实践的典范。朱九思提出"敢于竞争,善于转化","科研要走在教学的前面",大力加强科学研究;杨叔子坚持"高筑墙,广积人",大力加强师资队伍建设;周济实践"以服务求支持,以贡献求发展",大力发展社会服务等。正是历届领导者励精图治,实践创新,硬是把一所名不见经传的大学建设成了一所国内外知名的大学。由此可见,大学领导者应该是实践者。他不一定是管理学科的专家,但深谙教育管理之道,善于行政管理,精于用人之道,具有解决和处理各类大学矛盾的能力。

他不一定是专门的政治家,但能够把握大学正确的发展方向,提出适合大学长远发展的办学思想与理念,用先进的办学指导思想推进大学的建设、改革与发展。

修炼底气,须敢成功。成功的大学,领导者会更有底气,有底气的领导者会把大学引向更加成功的境地。正是由于哈佛校长艾略特、劳威尔、柯南特、博克等人成功地将哈佛引向了成功,才使哈佛大学更有了底气;也正是哈佛大学的不断成功,才使哈佛大学的校长更有底气,从而进一步引领大学从胜利走向新的胜利。

大气是一种智慧

一个优秀的领袖还必须有大气。大气,就是大气度、大胸怀、大气魄,大爱心。大学应该有大气。江泽民同志在北大百年校庆时讲:"大学,应该是培养和造就高素质的创造性人才的摇篮,应该是认识未知世界、探求客观真理、为人类解决面临的重大课题提供科学依据的前沿,应该是知识创新、推动科学技术成果向现实生产力转化的重要力量,应该是民族优秀文化与世界先进文明成果交流借鉴的桥梁。"完成这一使命,"大学的党委书记和校长,应该成为社会主义政治家、教育家。"因此,大学领导者应该有大气。

修炼大气,须有大视野。大学之大,根本取决于它的两大直接产品:学术和学生,以及铸成这两大产品的模具:学者、学长和学风。因此大学之大,乃在于学术之大、学生之大、学者之大、学长之大、学风之大。大学领导者要有宽广的视野、开放的精神,兼容并蓄,善于从复杂的现象中看到事物运动的基本态势,抓住基本规律,从眼前的利害中超越出来,突破经验的束缚,对社会需求进行全局的、客观的把握,穿透眼前,看到长远。大学发展的历程证明,大学领导者的视野往往决定大学的发展。纽曼的传统大学观把大学看作是"一个居住僧侣的村庄",弗莱克斯纳的现代大学观把大学看作是一个城镇,而克拉克·克尔的多元化巨型大学观则把大学看作是"一座充满无穷变化的城市"。可见领导者的视野决定大学的视野。哈佛大学校长萨默斯以国际视野改革大学教育，强调哈佛新课程改革要给本科生更多的到国外学习的机会。

修炼大气，须有大胸怀。"一个人胸怀有多大，才能做多大的事业。"大学具有天然的包容性：首先是学科包容。大学包容了传统基础学科，还包容了跨学科、边缘学科和应用学科，甚至为那些已经乏人问津的学科以及尚未获得广泛承认的学科与知识领域留有一席之地。其次是学者包容。大学包容各种各样的学者和学生，甚至为个别行为、个性和思想方法奇特的学者创造宽松环境，使他们按自己的习惯从事活动。再次是学术包容，即包容学术上的各种不同见解。因此，大学领导者在办学理念上，要有开放意识和世界眼光，以昂扬的气势迎接各种挑战，以仁厚的情感容纳学生，以宽容的精神对待学术，以谦虚的心灵接纳新知识；要在选用人才上，有"海纳百川"的大气，以开放的胸怀招揽人才，以宽广的眼光选用人才；在具体工作上，要有团结友爱的胸怀、互以对方为重的风格，要搞五湖四海，不搞小圈子，做到坦坦荡荡、光明磊落，容人、容事、容言。如果说大楼、大师是大学的硬件，大气则是软件，软件与硬件同样重

【领袖语录】

　气不和时少说话，有言必失；心不顺时莫做事，做事必败。

要。在一定意义上，甚至可以说软件比硬件更重要。1953年出生的安德鲁·怀尔斯，10岁时对世界难题费马大定理着了迷，于是立志搞数学。他32岁成了普林斯顿大学教授后好像突然消失了，学术会议不参加了，论文也没有，有人说他江郎才尽了，有人说应该解聘他，但普林斯顿大学校长不为所动，仍然聘他为教授，表现出了大学的大爱，终于在9年后的1994年，安德鲁·怀尔斯破解了费尔马大定理，轰动世界，也使普林斯顿大学声名远扬。

修炼大气，须有大手笔。有了大手笔，才会有大发展。大手笔，要有大气魄，要有超越、怀疑、批判精神。要超越各种形式的禁锢和守旧观念，挑战各种历史理论和权威，深刻批判与反思，进行前提性追问、主体创造与建构。正是因为洪堡的大手笔才使柏林大学得以振兴，成为研究型大学的

楷模，从而使大学具有科学研究的职能；正是范海斯的大手笔，提出"威斯康星州的边界就是威斯康星大学的边界"，才使美国大学得以崛起，从而使社会服务成为大学的第三大职能；也正是蔡元培的大手笔改造旧北京大学，才使北京大学焕发出新的青春活力，成为真正意义上的现代大学。大学领导者要有大手笔，就要敢于有所为，有所不为，有所舍弃，敢于砍掉不适合自己学校发展的东西；有所为，有所先为，有所后为，敢于在自己的位置上创新、创造不可替代的业绩。

锐利的士气

　　一个优秀的领袖还必须有锐气。《淮南子·时则训》所说的"锐而不挫"，彰显的是不畏困难和挫折的精锐士气。锐气就是要有一股子劲，始终保持一种向上的进取姿态，保持高昂的工作热情和工作韧劲。锐气就是在成绩面前不忘乎所以，在困难面前不灰心丧气，不断适应新形势，研究新情况，解决新问题，做到"苟日新，又日新，日日新"。有锐气，才能有所作为，有所建树。

　　修炼锐气，须讲批判。大学是知识传递与生产的场所，是新思想的重要发源地。不论是知识的传递与生产，还是真理的探求，都应该建立在大学批判责任基础之上。德国社会学家海因兹·迪特里奇尖锐地指出："今天的大学是一些被阉割了的机构，大学教育脱离大多数人的生活现实，研究质量低下，教育道德沦丧。"作为大学领导者要弘扬大学的批判责任，鼓励和支持大学继续扮演那种绝对真理、社会公正和道德良心守护神的角色。

　　修炼锐气，须讲创新。加拿大阿尔伯塔大学校长罗德里克·德·弗雷泽认为，大学领导者的主要职责有三项：第一，吸引最好的学生到学校读书；第二，吸引最好的教职员工到学校工作；第三，为教职工、学生提供足够的资源，营造积极的氛围，使师生能够有效地学习、创造性地开展学术与科研工作,保证他们发挥最大潜力。大学要做好这些工作,没有具备创新意识和创新能力的领导者是不行的。创新是大学保持生命力的关键所在。历史证明,不满足于现状,勇于改革和创新是优秀大学领导者共同的特征之一。哈佛大学原校长劳威尔说在他任校长的24年里,有四大创新:一是设立主攻课和基础课制度,二是设立住宿学院制度,三是设立导师制度,四是设立荣誉学位制度。这些都为哈佛大学的进一步发展奠定了基础。

修炼锐气,须养个性。牛津大学原校长纽曼是一个有个性的校长。他认为:大学是传播普遍性知识的场所。知识本身即目的。教育是理智的训练。大学是为传授知识而设的,"如果大学是为了研究,我不知道大学为什么要那么多学生"。他的个性造就了牛津大学的辉煌。柏林大学原校长洪堡认为,大学的基本组织原则就是两条:自由和宁静,教师和学生为科学而共处,自由地进行各种学术上的探讨。他的个性使柏林大学很快崛起。威斯康星大学原校长范海斯认为,大学的基本

> **【领袖语录】**
>
> 没有人可以打倒你,打倒你的只有你自己。

任务是把学生培养成有知识、能工作的公民;进行科学研究,发展创造新文化、新知识;传播知识,把知识传授给广大民众,使他们能够运用知识解决经济、生产、生活、政治等方面的问题。这种理念引领大学走出了古典大学的围墙,使大学获得了新的生命。曾经被毛泽东评价为"学界泰斗,人世楷模"的蔡元培,不仅提出了"囊括大典、网罗众家,思想自由、兼容并包"的著名办学方针,铸就了"北大精神",更重要的是,他具有"外和内介、守正不阿,勇于任事、敢于负责,宽容大度、民主平等,严于律己、廉洁奉公"的个性,改造北大,铸就了北大的辉煌。

领袖素质

　　远大的理想。纵观历史中的领袖都有远大的抱负,所谓吞吐天地之志。拥有这样的理想才能塑造其人格魅力。人们追随他,绝不仅仅因为他长得帅,而是因为他能带给人们希望,给人们一个远大而美好的憧憬。

大学在青少年成才中的作用

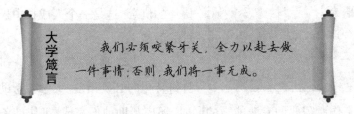

大学箴言

我们必须咬紧牙关，全力以赴去做一件事情；否则，我们将一事无成。

做一个知书达礼的人

大学可以让我们自我发展与完善，大学不仅能帮助学生"读书明理"，更能帮助学生提升修养、品质、智慧。大学教育对于年轻人形成人生观、社会价值观，对于发现和理解生命的意义和人的社会价值有极大的作用。大学是人们的精神家园。

青少年作为明日的社会精英，在大学期间除了读好本科课程外，亦应把握所有机会与同窗多交流，多沟通，以培养人际沟通技巧，学习聆听，也多表达意见。这些同侪间的互动、不断的切磋砥砺，对于培养个人自信心、提高分析和自省能力都有莫大裨益。

大学在现代已经逐渐发展成高等教育系统，由各种类型的高校组成，不同类型的高校的社会职能与社会定位、人才培养目标、对学生的要求、教育教学模式各不相同。就读不同的高校通常与不同的职业生

涯发展有着较为密切的联系。选择大学,应当是个人对大学意义与价值和自身发展设想充分认识基础上的理性判断。从一般意义上讲,今天的大学至少能为学习者提供以下服务。

——大学是探究未知世界的场所。具有好奇心的年轻人与致力于探究未知世界的教师结成共同体,大家志同道合,在满足好奇中推动人的发展和社会发展。这样的职能是其他社会机构无法替代的。

——大学是年轻人交往的地方。大学把四面八方、有着各种文化背景、生活体验与经历的学生汇集起来,让年轻人相互交往并且相互学习,为每一个学习者提供发现不同的交往伙伴的机会。这是一个人成长中极为宝贵的财富。

> **【领袖语录】**
>
> 信仰比知识更难动摇;热爱比尊重更难变易;仇恨比厌恶更加持久。

——大学是实现学生身份到工作身份转化的必要预备。大学在帮助学生形成工作所需要的专业能力的同时,还应帮助他们完成"工作准备",形成个人就业的"配置能力"(个人在就业市场上发现机会、自我判断、抓住机会实现就业的能力)。大学对学生在心理、文化、人际交往、专业等方面的训练,正是为了能有这样的"配置能力"。这是推动学生转型为"职业人"的社会化过程。

——大学帮助年轻人获得安身立命的专业能力。高等教育往往决定多数人终身的专业方向和职业领域,它帮助学生形成专业化的劳动能力,在今天这样分工高度专业化的社会,专业教育具有关键作用。

做适应社会需要的人

现代大学将越来越难以提供人们曾经期待的那种"社会地位配置"作用,而"回归"教育机构的本质。所以,大学生要认真把握大学能提供什么和自己需要什么,在大学里努力提升综合素质和专业能力,给自己的未来加注尽可能多的"能源"。

随着世界格局的变化,特别是东西方阵营的瓦解和各国发展模式的调整。原有政治主导或经济主导的状况相应改变。大学的普及成为影响青少年发展的重要因素,也引起青少年组织与社团的高度重视。大学为青少年学习提供动力的同时,为青少年组织与社团开展各种服务、活动、教育提供了机遇。

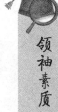

领袖素质

　　超常的适应能力。领袖的路并不一定是一帆风顺的。有前呼后拥的壮观场面,也有独自一人的低谷阶段。能够适应时局的起落变化,不被挫折打倒,不被胜利冲昏头脑是领袖的生存之道。

伟人的性格特点

大学箴言　坚持下去，成功就在下一个拐角处等你。

非智力因素的作用

现代心理学研究表明，一个人的非智力因素(性格是其中一个重要方面)在一个人的成才中占有十分重要的作用。一个人具有优良而成熟的性格就能最大限度地发挥自己的精神力量，并能与环境中的他人建立和谐良好的关系。一个人的性格还是其自身品德、世界观的具体标志，是其精神面貌的综合反映和集中体现。

有人对享有盛誉、成就卓著的领导人的性格进行了研究，发现他们共同的性格特征是：实际、客观、求善、创新、坦诚、结交、爱生命、重荣誉、能包容、富有幽默感、悦己信人。这些性格特征是他们造福于人类的信仰的体现，对支持他们始终如一地为实现信仰而奋斗起了重大作用。

美国心理学家台尔曼对 150 名事业有成人士进行研究，发现性格因素与他们的成功有着密切关系。他们往往具有以下共同性格特征：第一，为取得成功的坚持力;第二,善于积累成果;第三,自信心强;第四,不自卑。考克斯对 1450 年至 1850 年 400 年间所出现的 301 位伟人进行研究,发现他们都有以下优秀性格特征:自信、坚强、进取、百折不挠等。

在社会实践中,对不同职业者还有不同的职业性格要求。例如,做医生要有严谨、认真、细心、安定的性格;做企业家要有独立、进取、坚强、开放、灵敏等性格;而作为军人就要有勇敢、坚强、果断、自制、机智等性格。不具备相应的职业性格特征的人,往往难称其职。

在日常生活和人际交往中,热情、真诚、友善的人受欢迎,生活也幸福;冷漠、虚伪、孤僻、不负责任的人受冷落,生活也多有不幸。

信念的作用

信念,是一种心理因素。信念领导力是战胜挫折、赢得机遇的前提,也是切实的方法。自信的人首先忠诚于自己的信念,这种信念融入你的言行、举止,让你的举手投足都在辅助你的语言所表达的信息,因而让人们相信你的能力和人格。作为一个领导者,信念坚定是战胜工作中的困难,力排干扰,把握时局,打开局面,果断决策和树立领导威望的一个重要的心理优势。

有了信念,才能以最佳心态开展工作、履行职责;有了信念,才能以饱满热情开创事业、完成使命。运动员在赛场比赛,要争得第一,争得一流,不可没有信念;求职者在人才市场应聘,要技压群芳,求得赏识,不可没有信念。一名领导干部,无论是作竞职演讲,还是就职表态,必须保持良好的心理素质和精神状态,以坚定的口气、热情的态度、积极的表现来赢得上级和群众的支持。

自信是一种认识和态度

自信是一种认识和态度,也通过人的风格来表现。美国形象设计大师鲍尔说:"成功男人的风格反映在外表,而优雅来自内在,它是你的自信及对自己的满意,它通过你的外表、举止、微笑展示。"自信并不一定是天生

具有的,它可以通过后天的培养而产生。如果你在生活中认真观察,你会发现这种自信是有感染力的。

　　心理学家发现,外向的性格和信念是吸引和保持朋友的重要原因。由于自信,朋友和同事愿意跟随着你,上司也会对自信的人高看一眼。因为你具有自信的气势,让别人相信你能把任何事都变成现实。然而信念却不一定需要用语言来表达,它通过你的神态、语气、姿势、仪态等等,无声无息地、由里向外地散发着魅力。

　　领袖素质　　　服务大众的态度。领袖并不一定要用暴力主宰一切,事实上暴力统治一般不能长久。长久的领导艺术需要懂得如何服务大众,满足大众。

大学为伟人提供了成才的环境

大学箴言

所谓人才,就是你交给他一件事情,他做成了;你再交给他一件事情,他又做成了。

环境对人的心理和行为具有普遍制约作用。系统论认为,环境是第一个在系统周围能够广泛产生作用的场所和条件。人的心理机能是对环境的长期适应的结果,人的心理和行为取决于当前的刺激、个性特征、整个环境及特征。同时,环境与人的心理和行为是相互作用的,这种关系不仅表现在人类生存的自然环境与人的心理与行为的相互作用,也表现在社会环境与人的心理和行为的相互作用,环境对人的心理、行为产生普遍的制约作用,人的心理、行为又导致环境的改变。

心理学家考夫卡在其《格式塔心理学原理》一书中提出环境分为现实的地理环境与个人意想中的行为环境,他认为行为产生于行为环境,受行为环境的调节。另一位心理学家勒温在《拓扑心理学原理》一书中提出

动力场理论,该理论中的生活空间是指人的行为,也就是人和环境的交互作用。勒温所指的环境是指心理环境,是与人的需求相结合在人脑中实际发生影响的环境,由于人的需求的作用,使生活空间产生了动力,勒温称为引力或斥力。由于生活空间具有的动力,人的行为就沿着引力的方向向心理对象移动。

大学为伟人们提供了一个"宽松"与"紧张"适度平衡的环境。大学的环境往往会创造出一种特有的氛围。耶鲁大学模仿英国牛津大学和剑桥大学的模式,从20世纪30年代开始实行的"住宿学院"制沿袭至今,每个"住宿学院"有300～500名本科生,男女比例对等,配有院长和学监各1名。12个"住宿学院"拥有自己的餐厅、客厅、庭院、图书馆、娱乐室等。学校希冀借此使其学生所受的教育不仅仅局限于课堂知识,而且注重在起居社交时学到做人的道理,并从中获得终身的友谊。

列别捷夫曾说,"平静的湖面,炼不出精悍的水手;安逸的环境,造不出时代的伟人。"在这个高等教育良莠不齐的时代,一所真正的一流大学所能为国家和民族乃至整个社会做出的贡献是不可估量的。

领袖素质　　引导舆论的能力。不得不承认,所有的领袖都要有非常好的口才。他必须时刻掌握舆论导向,让思想意识统一在自己的领导方向上。在管理学中,领袖是人际角色中的一类,有着激励和指导团队成员的责任。

第一章　人文主义高地

　　如果说耶鲁大学注重并长于研究生教育,威廉玛丽学院闻名于本科生教育,那么耶鲁大学则是双脚走路,齐头并进。其教育的核心目标是培养学生的人文精神,使人类在"光明与真知"之下幸福地生活。

第一课　追求光明和真理

耶鲁大学的校训是"追求光明和真理"；"光明"是指"自由教育之光明"。"真理"是指"旧新英格兰宗教传统之真理"。

在美国，尤其是在新英格兰地区，严谨的神学学生将希伯来文、希腊文和拉丁文公认为经典语言，因为这对学习旧约原文至关重要。校长以斯拉·斯泰尔斯是一个牧师，1778—1795年在任，他要求所有新生学习希伯来文，并且将希伯来文的校训"光明与真知"写上校徽。

耶鲁大学（Yale University），也译作"耶劳大书院"，是一所坐落于美国康涅狄格州纽黑文市的私立大学，创于1701年，初名"大学学院"。

耶鲁大学是美国历史上建立的第三所大学，第一所是哈佛大学，第二所是威廉玛丽学院。它和哈佛大学、普林斯顿大学齐名，历年来共同角逐美国大学和研究生院前三的位置。该校教授阵容、学术创新、课程设置和场馆设施等方面堪称一流。哈佛大学闻名于研究生教育，威

廉玛丽学院闻名于本科生教育,耶鲁则是双脚走路,都非常著名。在世界大学排名中名列前茅,仅次于剑桥大学和哈佛大学。

耶鲁大学校园建筑以哥特式和乔治王朝式风格的建筑为主,多数建筑有百年以上的历史。漂亮的歌德式建筑和乔治王朝式的建筑与现代化的建筑交相辉映,把整个校园点缀得十分古典和秀丽。秋季的校园中金黄暗红的落叶遍地,阳光斜照那些黄褐色巨石建成的古色古香的巍峨建筑物。

耶鲁大学的产业包括152亿美元捐款(此项列世界学术机构第二位)和藏于十多所图书馆中计110多万卷藏书。除了哈佛大学,耶鲁大学是罗氏奖学金获得者最为众多的大学。耶鲁大学将本科教育视为大学的核心。这种重视在美国同类大学中实属少见。

耶鲁学院(Yale College,即耶鲁大学本科部)70个专业主要着力于通识教育,仅有极少的几个本科院系着眼于专业性的准备,甚至于耶鲁大学工程系也鼓励并且要求学生探索和学习工程学科以外的领域。耶鲁学院大约有20%的学生为自然科学专业,35%为社会科学专业,45%的学生则为人文艺术专业。耶鲁大学要求所有的教授均讲授本科课程。

每年在耶鲁大学的课程目录中(Yale Programof Study,或通称Blue-Book)有超过2000门课程以供选择。该校最强的学科是社会科学、人文科学以及生命科学。耶鲁大学管理研究生院于1978年创设了独特的课

程——公营和私营企业专业管理 (Public & PrivateManage-ment)课程,它着重公营及非营利机构的专业管理训练。课程安排有六成是授课,四成为个案研究,后者有一半是公办或非营利机构的个案。耶鲁大学的企管硕士不叫MBA而是MPPM,其来源也在于此。

耶鲁大学实行类似牛津大学和剑桥大学的"住宿学院"制度。新生被随机分配到耶鲁大学的12个住宿学院中,且除极少数特别情况外,所有学生都将在学院中居住四年时间。每所学院都拥有自己完备的设施,包括餐厅、图书馆、健身房、艺术工作室、琴房、照相暗室、电脑室、洗衣房、台球乒乓室、学生厨房,大部分学院还拥有自己的电影院或剧院、攀岩室、壁球馆和桑拿房,二十四小时对本院学生开放。

每所学院有一位院长(Master)和一位学监(Dean),分别负责学生的社交活动和学习生活。每周各院院长还邀请各个领域的著名人士举办茶会,称为"Master's Tea",本科学生都可参加,受邀的名人不乏美国和世界政、商、体育、娱乐、社会公益等领域的著名人物。

耶鲁大学的研究生教育包括耶鲁研究生院(开设例如生物、西方经典、英文、基础科学、工程、历史、数学、社会学、政治学和经济学等课程)以及统称专业学院的建筑学院、法学院、医学院、艺术学院、神学院、音乐学院、护理学院、管理学院、森林环境学院和公共卫生学院。其中耶鲁法学院、音乐学院、艺术学院等在美国向来为首屈一指。

耶鲁大学现任校长理查德·莱文对该校未来一百年的发展重点作了以下的总结:"首先,作为美国最好的研究大学之一,耶鲁大学特别重视其本科教育的质量。其次,本校的研究生院和专业学院,同耶鲁学院一道,致力于培养各领域的领袖。"

耶鲁小百科

　　耶鲁大学虽然是一所研究型大学,但它对教学工作仍十分重要,为本科生教育配备了一流的教师。在理科方面,耶鲁大学的生化、分子生物、数学、物理都在全美高校中名列前茅;在人文和社会学科方面,耶鲁大学的历史、英语、法语、德语、心理学、政治学和音乐等学科都在美国高校中数一数二。

第二课　耶鲁大学的历史渊源

耶鲁大学名言

　　承认自己的不聪明、不勇敢，这样在面对别人的优秀时，可以坦然，并给予发自内心的赞美。

　　1638年，北美康涅狄格成为英国的殖民地。一批英国殖民者乘船漂洋过海来到昆尼皮亚克海湾定居，并使之逐渐发展成为繁荣的纽黑文新港。约翰·达文波特牧师认为教育可以让欧洲文明在美国生根，遂倡议在这里建立大学。

　　虽然他的计划屡屡遭挫，但其思想却影响了当地的许多人。1701年，以詹姆士·皮尔庞为首的一批公理会传教士说服康州法院同意成立一所教会学校，使青年"可以学习艺术和科学，为教会和国家服务"，10位受托管理学校的牧师从他们藏书不多的图书馆里拿出40本书，作为建校的资本。

　　1701年10月，牧师们推举哈佛大学毕业生亚伯拉罕·皮尔逊为第一任校长，教会学校于是正式成立。但直到第二年3月，学校才有了第一个学生雅各布·海明威。1707年，第一批18名学生被授予学士学位。

　　开始的时候学校没有校舍，学生分散在康州的6个城市学习。耶鲁大学最初被称为"大学学院"。1716年校址迁至康州纽黑文市，直至今日。

1718年,英国东印度公司高层官员伊莱休·耶鲁先生向这所教会学校捐赠了9捆总价值562英镑12先令的货物、417本书以及英王

乔治一世的肖像和纹章,这些现在看起来极其普通的物品,在当时对褴褛之中的耶鲁简直是雪中送炭。为了感谢耶鲁先生的捐赠,学校正式更名为"耶鲁学院",它就是今日耶鲁大学的前身。

18世纪30年代至80年代,耶鲁学院在伯克利主教、斯泰尔斯牧师、波特校长等的不懈努力下,逐渐由学院发展为大学。至20世纪初,随着美国教育的迅猛发展,耶鲁已经发展到了惊人的规模。

学校初期的课程设置注重古典学科,坚持正统的宗教观点。1828年,美国举国上下提出大学课程设置应着重实用学科,而不是古典学科,耶鲁大学校长J.戴就此发表《耶鲁报告》,为传统课程进行辩护,这个报告直到南北战争后仍有影响,减缓了美国各大学引进实用文理课程的进程。1908年,耶鲁大学开始不再要求学生必修古希腊语。在当时校长A.哈德利的影响下,开始注重专业训练。

耶鲁大学在过去三百年中逐渐扩张,依次建立了医学院(1810)、神学院(1822)、法学院(1843)、研究生院(1847)、谢费德科学院(1861,今已不存)和艺术学院(1869)。1887年,耶鲁更名为耶鲁大学,以符合综合性大学的事实。大学之后又开设了音乐学院(1894)、森林和环境学院(1901)、公共卫生学院(1915)、护理学院(1923)和管理学院(1976)。

耶鲁学院(即耶鲁大学本科部)在1969年首次接收女生,这在美国诸多具有悠久历史的男校中属先锋之举。今日耶鲁大学的史德林纪念图书

馆门前仍立有着名建筑设计师林璎设计的女生桌，以纪念女性在耶鲁地位的解放。

　　耶鲁大学同其他常青藤联盟的成员大学一样，曾在 20 世纪早期实行过人为增加美国上层白人基督教家庭的学生在总学生人数中的比例，也是所有的常青藤学校中最后一个结束这种偏向的（该项政策止于 1970 年）。

耶鲁小百科

　　耶鲁现拥有 12 个学院。(1)耶鲁学院：开设人文科学、社会科学、自然科学以及工程学本科课程，授文学士、理学士、文科研究学士学位。(2)研究生院：为耶鲁学院毕业生开设研究生课程，授文学硕士、理科硕士、哲学硕士、哲学博士学位。(3)医学院：为耶鲁学院毕业生以及在其他院校受过相应教育的学生开设课程，授医学博士学位。(4)神学院：为耶鲁学院毕业生开设课程，授神学硕士，宗教文学硕士学位，优秀学生还可攻读神学硕士学位。(5)法学院：为耶鲁学院毕业生开设课程，授法学研究硕士，法学博士学位以及法学硕士、法律科学博士和刑法博士学位。(6)艺术学院：为耶鲁学院毕业生开设职业课程，授美术硕士学位。(7)音乐学院：为耶鲁学院毕业生开设课程，授音乐硕士、音乐艺术硕士以及音乐艺术博士学位。(8)森林与环境研究学院：为耶鲁学院毕业生开设课程，授森林学硕士、森林科学硕士、环境研究硕士以及森林学博士学位。

第三课 耶鲁大学精神

永远强调对社会的责任感、蔑视权威、追求自由和崇尚独立人格被认为是"耶鲁精神"

正如理查德·莱文校长所说:"教育人们服务于社会并不意味着教育必须集中于掌握实用性的技能。耶鲁追求为学生提供一个宽广、自由的教育面,而非狭窄的职业性教育,以便使他们具备领导才能和服务意识。耶鲁大学同时也是一个相互尊重的社区,并且珍视自由的表达和对世间万物的探寻。在这个社区中人们的互动模式同样服务于社会。"——永远强调对社会的责任感、蔑视权威、追求自由和崇尚独立人格被认为是"耶鲁精神"的精髓,它是耶鲁人奉献给世人的一份宝贵财富。

2006年,耶鲁学院(耶鲁大学本科部)总共有超过21,000名申请者,最终被录取的学生占总申请人数的8.6%。这个数字是常青藤联盟的所有成员校历史上最低的。因此耶鲁大学也向来被认为是美国最难进入的大学之一。

最近几年,超过71%的被录取的学生最后选择进入耶鲁大学学习。(美国大学学生可以同时申请几所学校并最终选择接受一所学校的录取。)而选择拒绝耶鲁大学的录取而上其他大学的学生,大多因为学校高

昂的学费。但是耶鲁大学同时也提供极优厚的助学金制度。有超过41.9%的在校本科生接受某种程度的助学金。

耶鲁大学的录取实行被称为Need-Blind Admission的录取制度，即录取过程不考虑学生的家庭经济情况；和称为NeedBasedFinancialAid的助学金制度，即被录取的所有学生都会依家庭收入给予不同程度的助学金，以保证学生能在不给家庭带来太大负担的同时，能够支付学校的各项费用。在2005年新出台的奖学金制度规定，家庭年收入低于50,000美元的学生，可以免除所有费用，并提供旅行、假期和零用等额度，而超过50,000美元而低于75,000美元的家庭，则可以支付小部分费用并可选择低息贷款。是否接受助学金是学生的个人隐私，学校必须保持其机密性，除学生和其家长以外，不得透露给第三方。

耶鲁大学的学生包括来自美国50个州和世界上73个国家的学生，其中半数为女性，超过30%为少数族裔，10%为国际学生，54.4.%的学生毕业

于公立中学,其余的学生毕业于独立、私立、宗教或国际学校。

耶鲁大学的英文和文学系曾属于新批判运动学派。在新批判运动过后,耶鲁文学系则成为美国解构主义思潮的中心。当时围绕保罗·德曼的法文系和比较文学系都受到英文系的支持。之后这被称为"耶鲁学派"。

耶鲁大学历史系同样引领着重要的学术潮流。历史学家伍德沃德作为1960年代重要的南方历史学家而著名;同样的,著名的劳动历史学家戴维·蒙哥马利,培养了许多当代的劳动历史学家。最令人注意的是,现今大量非常活跃的拉丁美洲历史学家,都曾在20世纪60年代到80年代在耶鲁学习。

耶鲁大学图书馆是世界上规模第二的大学图书馆,拥有藏书1100万册,坐落于22座建筑物中,其中包括最大的史德林纪念图书馆、拜内克古籍善本图书馆和法学院图书馆。学校还在纽黑文郊区设立有藏书库,以收藏长久不用的图书。

史德林纪念图书馆位于学校中心地带,收藏有400万册图书,并且为耶鲁大学图书馆系统的中心。拜内克古籍善本图书馆则收藏有迄今为止发现的最早的活字印刷本古腾堡圣经。

图书馆大部分图书使用国会图书馆编目法,一些较早的收藏仍使用耶鲁编目法。所有收藏都登陆于Orbis目录系统(法学院收藏另使用Morris目录系统),并与美国主要的图书馆建立馆际互借协议,并且与个别大学图书馆实行次日送达服务,使教授和学生可以迅速地得到需要的资料。

学生可以选择在任何一个图书馆提取索要的图书和归还图书。这些服务对本科学生和教授都是免费的。

耶鲁大学的美丽校园环境甚为著名。而一些现代建筑也常被作为建筑史中的典范出现在教科书中，其中包括路易·康设计的耶鲁大学美术馆、耶鲁大学英国艺术中心；萨里宁设计的英戈尔斯滑冰场、EzraStiles学院和Morse学院；以及由保罗·罗道夫设计的艺术和建筑系大楼。

耶鲁大多数古建筑都为哥特式风格，多建于1917—1931年期间。大量的浮雕都展现了当时的大学生活。为了使建筑显得老旧，建筑师采用了在石质墙面上泼酸、故意打破玻璃并且使用中世纪的方法补合，并且还人为的添加了许多空的装饰性壁龛，仿佛雕塑已经失落很久。

虽然耶鲁大学中心校园的大多建筑都呈现中世纪的建筑风格，使用大型的石材，而事实上大多都采用的是1930年通用的钢结构框架，唯一的例外是哈克尼斯塔，高216英尺。在建造时曾经是世界上最高的全石质结构。该塔在1964年加固，以在其内部安装耶鲁纪念组钟，共计54口。

拜内克古籍善本图书馆由戈登·谢夫特设计，是当今世界上最大的专门收藏古籍善本的图书馆。图书馆地面以上六层的书库由一个玻璃的立方体环绕，而玻璃立方的外面则有一个更大的与之不接触的"盒子"罩住。

这座建筑的墙壁是由两英尺见方的产自佛蒙特州的半透明大理石构成，因此可以使馆内微亮而防止阳光中的其他有害射线破坏馆藏图书。广场中一个下沉式庭院中的雕塑，代表了时间(金字塔)、太阳(圆环结构)和概率(斜立的立方)。

另外耶鲁大学的佩思体育 / 健身馆还是当今世界上最大的体育馆，其中包括游泳、划艇模拟池、篮球馆、健身房、击剑馆等所有奥运会项目，还包括三个北美唯一的最高标准的永久性玻璃壁球场等世界一流的设备。这些设备对本科学生免费开放，研究生则需要收取一定费用。

耶鲁小百科

　　经过漫长而辉煌的 300 年历史风雨，耶鲁不仅为美国输送了大批精英，也为世界培养了许多栋梁之材。

　　最让耶鲁引以为豪的学生莫过于 1773 级的学生、被美国人称为民族英雄的内森·黑尔了。具有炽热爱国热情的内森·黑尔在美国独立战争中深入英军防线搜集情报时被捕，并被处以绞刑。就义前，他留下了世代相传的豪言壮语："我唯一的憾事就是没有第二次生命献给我的祖国。"

第四课　耶鲁大学名人榜——詹天佑

生平简介

詹天佑原籍江西婺源县,出生于广东南海区,也是中国最早的一位杰出的爱国工程师、铁路工程专家。1872年(同治十一年),年仅12岁的詹天佑到香港报考了清政府筹办的"幼童出洋预习班",留学美国。

在美国,出洋预习班的同学们,亲眼看到北美西欧科学技术的巨大成就,对机器、火车、轮船及电讯制造业的迅速发展赞叹不已。有的同学由此对中国的前途产生悲观情绪,但詹天佑却怀着坚定的信念说:"今后,中国也要

有火车、轮船。"

他带着为祖国富强而发奋学习的信念,刻苦学习,于1877年以优异的成绩毕业于纽海文中学。同年5月考入耶鲁大学土木工程系,专攻铁路工程。在大学的4年中,詹天佑刻苦学习,以突出成绩在毕业考试中名列第一。

詹天佑在美国先后就学于威哈吩小学,弩哈吩中学。1878年以优异的成绩完成中学的课程,考取美国著名理工大学伍斯特理工之后又相继考取耶鲁大学土木工程系学习铁道工程学。

1881年他又以优异成绩毕业于美国耶鲁大学,并撰写题为《码头起重机的研究》的毕业论文,获学士学位,并于同年回国。回国后詹天佑入马尾船政学堂学习,学成后派往福建水师旗舰"扬威"号任炮手,参加了马尾海战。

战后被调入黄埔水师学堂任教习,然而当时的中国,由于封建顽固派极力反对修造铁路,以致英雄无用武之地,被迫改学驾驶海船,耽误了七八年。

1887年,"中国铁路公司"在天津成立。第二年,经留美同学邝孙谋推荐,才得以干他精通的铁路工程工作,成为中国第一名铁路工程师。开始负责修筑塘沽到天津的铁路,仅用70多天就完成铺轨工程。后又参加修筑天津至山海关的铁路,需要在滦河修一座铁桥,面对英、日、德工程人员建造这座铁桥的相继失败,他毅然挺身承担造桥任务,最后出

色地完成了全部工程。

詹天佑这一生的最大贡献，就是在于他成功地修筑了京张铁路。1905年，他担任京张（北京—张家口）铁路总工程师。这条路穿过八达岭，全长200多公里，工程之艰巨为他处所未有。

他亲自勘察，选定路线；在北京青龙桥东沟，采用人字形轨道，用两台大马力机车调头互相推挽的办法，解决坡度大机车牵引力不足的问题，又与工人一起，采取各种措施，解决隧道工程中渗水、塌方等困难，用两端凿进法开凿居庸关。京张铁路于1909年竣工，比原计划提前两年，总费用只有外国承包商索价的五分之一。

京张铁路建成典礼后詹天佑受聘川汉、汉粤铁路会办或总理兼总工程师。辛亥革命后，他任汉粤川铁路会办兼总工程师、督办等，克服种种困

难，修建了从武昌至长沙总长365千米的铁路。

1881年，在120名回国的中国留学生中，获得学位的只有两人，他便是其中的一个。回国后，詹天佑怀着满腔的热忱，准备把所学本领贡献给祖国的铁路事业。但是，清政府洋务派官员却过分迷信外国，在修筑铁路时一味依靠洋人，竟不顾詹天佑的专业特长，把他差遣到福建水师学堂学驾驶海船。

1882年11月又被派往旗舰"扬威"号担任驾

驶官,指挥操练。1883年,中法战争爆发,第二年,讨伐中国计划蓄谋已久的法国舰队陆续进入闽江,蠢蠢欲动。

可是主管福建水师的投降派船政大臣何如璋却不闻不问,甚至下令:"不准先行开炮,违者虽胜亦斩!"这时,詹天佑便私下对"扬武"号管带(舰长)张成说:"法国兵船来了很多,居心叵测。虽然我们接到命令,不准先行开炮,但我们决不能不预先防备。"由于詹天佑的告诫,"扬武"号十分警惕,作好了战斗准备。

当法国舰队发起突然袭击时,詹天佑冒着猛烈的炮火,沉着机智地指挥"扬威"号左来右往;避开敌方炮火,抓住战机用尾炮击中法国指挥舰"伏尔他"号,使法国海军远征司令孤拔险些丧命。

对这场海战,上海英商创办的《字林西报》在报道中也不得不惊异地赞叹:"西方人士料不到中国人会这样勇敢力战。'扬威'号兵舰上的五个学生,以詹天佑的表现最为勇敢。他临大敌而毫无惧色,并且在生死存亡的紧要关头还能镇定如常,鼓足勇气,在水中救起多人……"

从战后到1888年,詹天佑由老同学邝孙谋的推荐,几经周折后,终于转入了中国铁路公司,担任工程师,这正是他献身中国铁路事业的开始。被湮没了七年之久的詹天佑才有机会献身于祖国的铁路事业。此时正值天津—唐山铁路施工,他不愿久居天津,就亲

临工地，与工人同甘共苦，结果只用八十天的时间就竣工通车了。但李鸿章却以英人金达之功上奏，并提升金达为总工程师。

不久后，詹天佑又遇到了一次考验。1890年清政府又修关内外铁路（今京沈铁路），以金达为总工程师。1892年工程进行到滦河大桥，当时从天津到山海关的津榆铁路修到滦河，要造一座横跨滦河的铁路大桥。滦河河床泥沙很深，又遇到水涨急流。

许多国家都想兜揽这桩生意，金达当然以英人为先，但号称世界第一流的英国工程师喀克斯以建不成桥而失败。日本、德国的承包者也都遭失败。之后詹天佑要求由中国人自己来建造，由于交工期限将至，负责工程的英国人同意詹天佑来试试。

詹天佑详尽分析了各国失败原因，又对滦河底的地质土壤进行了周密的测量研究之后，决定改变桩址，采用中国传统的方法，以中国的潜水员潜入河底，配以机器操作，顺利完成了打桩任务，成功建成了滦河大桥。这一胜利长了中国人民的志气。

1894年英国工程研究会选举詹天佑为该会会员。此后，詹天佑又领导了京津路、萍醴路（萍乡至醴陵）等铁路的建筑。

袁世凯为讨好慈禧太后，1902年奏请修建一条专供皇室祭祖之用的新易铁路（高碑店至易县）。坐火车去祭祖，慈禧太后自然高兴。为了不误1903年祭祖之用，命袁世凯于六个月内完工。

袁世凯命詹天佑为总

工程师。尽管此路价值不大,却是中国人自修铁路的开始,因此詹天佑仍是非常重视。詹天佑彻底抛弃了当时外国人必须在路基修成之后风干一年才可铺轨的常规,仅用四个月的时间以极省的费用建成新易铁路,大大鼓舞了中国人自建铁路的信心,为后来京张铁路的修筑打下良好基础。

1905年5月,京张铁路总局和工程局成立,以陈昭常为总办,詹天佑为会办兼总工程师,1906年詹天佑又升为总办兼总工程师。詹天佑清楚地知道这一任务的艰巨性,他首先必须顶住来自各方面的冷嘲热讽:有人说他是"自不量力","不过花几个钱罢了",甚至说他是"胆大妄为"。

他给他的美国老师诺索布夫人的信中就这样说:"如果京张工程失败的话,不但是我的不幸、中国工程师的不幸,同时带给中国很大损失。在我接受这一任务前后,许多外国人露骨地宣称中国工程师不能担当京张线的石方和山洞的艰巨工程,但是我坚持我的工程"。这充分体现了中国知识分子的爱国心和民族责任心。

詹天佑勘测了三条路线,第二条绕道过远为不可取。第三条就是今天的丰沙线。由于清廷拨款有限,时间紧迫,詹天佑决定采用第一条路线,即从丰台北上西直门、沙河、经南口、居庸关、八达岭、怀来、鸡鸣驿、宣化到张家口,全长360华里。

全线的难关在关沟,这一带叠峦重嶂,悬崖峭壁,工程之难在当时为全国所没有,世界所罕见;坡度极大,南口和八达岭的高度相差

180丈。詹天佑把全线分为三段:丰台到南口为第一段,南口到康庄为第二段,余为第三段。

　　1905年9月4日正式开工,12月12日开始铺轨。就在铺轨的第一天,一列工程车的一个车钩链子折断,造成脱轨事故。这一下成了中国人不能自修铁路的证据,各种诽谤中伤纷至沓来。但詹天佑没有惊慌失措,反倒冷静地想到:此路坡度极大,每节车厢之间的连接性能稍有不固,事故就难避免。为此,他使用了自动挂钩法,终于解决了这个问题。

　　1906年9月30日第一段工程全部通车,第二段工程同时开始。难关就在第二段,首先必须打通居庸关、五桂头、石佛寺、八达岭四条隧道,最长的是八达岭隧道,长达1,092米。

　　这不仅要有精确的计算和正确的指挥,还要有新式的开山机、通风机和抽水机。前者对詹天佑都不成问题,而后者当时中国全都没有,只有靠

工人的双手，其困难程度可以想见。他们硬是克服了重重困难，终于在1908年9月完成了第二段工程。

第三段工程的难度仅次于关沟，首先遇到的是怀来大桥，这是京张路上最长的一座桥，它由七根一百英尺长的钢梁架设而成。由于詹天佑正确地指挥，及时建成。1909年4月2日火车通到下花园。下花园到鸡鸣驿矿区岔道一段虽不长，工程极难。右临洋河，左傍石山，山上要开一条六丈深的通道，山下要垫高七华里长的河床。詹天佑即以山上开道之石来垫山下河床。为防山洪冲击路基，又用水泥砖加以保护，胜利完成了第三段工段。

对于工程上的困难，詹天佑从未放在眼里，对于人为的障碍却使詹天佑忧愤至极。清河有个叫广宅的人，是前任道员，皇室载泽的亲戚，朝野均有势力。铁路恰经其坟地，他即率众闹事，阻止工程，私下又许以重贿，要求改道。邮传部竟不敢过问。这里北面是郑王坟，南面是宦官坟，西面是那拉氏父亲桂公坟，要大改道不知要浪费多少时间和经费。詹天佑以受贿为可耻，绝不改道，竟以去留相力争。最后因五大臣出洋被炸，载泽吓得不敢

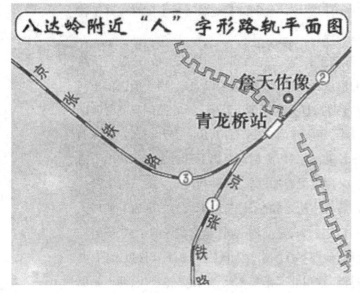

八达岭附近"人"字形路轨平面图

与闻外事，广宅才因失去靠山而同意经其坟墙以外通过。

慈禧太后为修颐和园每年不惜数千万金，独不愿为修路出钱。京张铁路经费全靠关内外铁路的盈余，而此款却被控制在英国汇丰银行手中，正当进入第二段工程时，汇丰银行故意刁难，拖付款饷，造成误工。詹天佑既不善钻营于权贵，更耻于逢迎于洋人，因而愤懑至极。

帝国主义无时不想夺取此路，工程一开始，日本人南宫敬次郎就上书袁世凯说：中国人无力修成此路，不如聘请日本技师较为稳妥。英国人金达也来替日本说项。詹天佑以此路决不任用任何一个外国人为由断然拒绝。居庸关隧道工程开始后，三五成群的外国人，以打猎为名常来窥探，他们希望工程失败以便乘人之危。詹天佑以出色的成绩为中国人出了这口气。

京张铁路经过工人们几年奋斗，终于在1909年9月全线通车。原计划六年完成，结果只用了四年就提前完工，工程费用只及外国人估价的五分之一。

京张铁路建成后，詹天佑获宣统赐工科进士，任留学生主试官等职。1910年，任广东商办粤汉铁路总公司总理兼工程师，1912年兼任汉粤川铁路会办，负责兴建粤汉及川汉铁路。同年成立"中华工程师学会"，并被推举为首任会长。

老年时期

民国成立后，詹天佑于1913年获政府委任为交通部技监。1914年获颁授二等宝光嘉禾章。1916年,获香港大学颁授荣誉法学博士学位。

1919年初,受命往符拉迪沃斯托克和哈尔滨任协约国监督远东铁路会议中国代表。4月因病回湖北省汉口,途中他抱病登上长城,浩叹:"生命有长短,命运有沉升,初建路网的梦想破灭令我抱恨终天,所幸我的生命能化成匍匐在华夏大地上的一根铁轨……"

詹天佑终因劳瘁成疾,于1919年4月24日下午3点30分逝世于汉口,享年58岁。詹天佑与其妻谭菊珍埋葬在京张路青龙桥火车站附近。

詹天佑修建京张铁路期间,厘定了各种铁路工程标准,并上书政府要求全国采用。中国现在仍然使用的四尺八寸半标准轨、珍氏自动挂钩(Janney Coupler,亦称姜妮车钩、郑氏车钩,美国人Eli Janney所创)等等都是出自詹天佑的提议。

成立中华工程学会

辛亥革命后,詹天佑为了振兴铁路事业,和同行一起成立中华工程学会,并被推为会长。这期间,他对青年工程技术人员的培养倾注了大量心血,他除了以自己的行为作出榜样外,还勉励青年"精研学术,以资发明",要求他们"勿屈己徇人,勿沽名而钓誉。以诚接物,毋挟褊私,圭璧束身,以为范例。"

出席国际会议

1919年,第一次欧战结束,詹天佑不顾身患腹疾,代表中国政府出席远东铁路国际会议,冒着严寒赶赴会议,与企图霸占我国北满中东铁路的日方代表论战,取得了我国

保护中东铁路的权利。

他锲而不舍，在铁路战线上与列强斗争不息的事迹和他身上所体现出的民族精神与科学精神高度融合的品质，将和后人为他树立的铜像一起，永远给我们无限启示。

献身筑路

1888年，詹天佑进入天津中国铁路公司，携家生活在工地，从帮工程师做起，开始献身筑路，主事的外国领导常派他到最困难工段。由于强烈的事业心和认真工作，他初入铁路，就优质完成塘津(塘沽至天津)铺轨工程。

在津榆铁路滦河大桥修筑中，解决了外国工程师未能解决的桥墩基础施工困难，首次在中国铁路采用压气沉箱法筑墩台基础建桥成功，该桥长630余米，为黄河大桥建成前中国铁路最长钢桥。

其胜利建成，中外注目，中国工程师的创造才能，开始引起外国注意。1894年，他被选入英国土木工程师学会，为加入此学会的第一名中国工程师。

1894年中日战争爆发，关外铁路停工，他由关外铁路调往津卢铁路(天津至北京卢沟桥)，率队测量并从事修路。1895年中日甲午海战中中国失利，沿海铁路加紧修筑，詹天佑被派往锦州铁路任驻段工程司，并指挥修筑沟帮子至营口支线(约73公里)。

1900年营口支线通车后，八国联军入侵北京，关内外铁路被英、俄占领，关外铁路停工，詹天佑被派往江西萍醴铁路。在该路，他反对外国工程师采用窄轨轨距的主张，坚持采用标准轨距。1901年，辛丑和约签订后，关内外铁路由英、俄两国归还中国，詹天佑参加自帝俄手中收回该路，并迅速修复通车，工作出色，引起清政府注意。

【詹天佑名言】

以诚接物，勿挟褊私；
圭璧束身，以为范例。

1902年，为慈禧至西陵谒陵，清政府决定修筑新易铁路(新城县高碑店至易县梁各庄43公里)，由于英、法两国争夺修筑权，相持不下，清政府只好自力修筑，派詹天佑为总工程师。尽管工期紧迫，并在冬季施工，然而还是于1903年4月即建成通车。

该路之迅速建成，为其后自力修筑京张铁路做了准备。这期间，詹天佑返粤奔父丧后，勘测了潮汕铁路(潮州至汕头39公里)，归途中路过上海，被聘为上海中国铁路公司工程参议，筹划江苏沪宁铁路并调查道清铁路(道口至清化150公里)。

为国争光

1905年到1909年，为发展商业，清政府决定修筑京张铁路。詹天佑被派主持修路，先任总工程师兼会办，后升任总办兼总工程师。该路自北京至张家口，穿越军都山脉，地形险峻，工程异常艰巨，长约200公里，为通往西北之要道。

为争夺修路权，英、俄两国相持不下，清政府决定自力修筑，但缺乏信心。外国人纷纷议论，认为中国无力完成此路修筑工程。

詹天佑则以为："中国地大物博，而于一路之工，必须借重外人，引以为耻！"，他面对着外国人的讥讽，以大无畏气概，率领全体筑路人员，知难而进，齐心为国争光。

修筑之初，工程技术人员缺乏，詹天佑率仅有的两名工程学员，于1905年5月，自丰台经南口、八达岭，勘测至张家口，随即回测，并选测了自延庆州绕过八达岭经德胜口、十三陵到昌平的比较线(对永定河谷路线，

也曾考虑,以工程艰巨,限于经费及工期无可能采用,故未勘测)。

6月回到天津总局,提出勘测及调查报告,并拟定修筑方案。计划分三大段修筑,第一段(丰台至南口)先行开工,以早日通车运输而获利;第二段(南口至岔道城)及第三段(岔道城至张家口),再详细勘测。

特别是第二段中南口至八达岭,地形险峻,更须进一步选测比较线。报告中称,"此路早成一日,公家即早获一日之利益,商旅亦可早享一日之至便利,外人亦可早杜一日之觊觎;而路工之难,亦实为向来所未有。"

保路爱国

川汉铁路开工典礼四川古称天府之国,物产丰富,而交通不便。英、法两国,早拟从中国西南地区入手,掠夺铁路修筑权,从而在经济上、政治上控制长江中下游地区。京张铁路自行建成,推动了各省自办铁路的发展。

四川、湖北人民决心集资自力修筑川汉铁路,计划由成都经重庆、万县(今万州)至宜昌,长约1200公里,并以宜昌至万县为首段工程,长300余公里。宜万段沿三峡而进,沿途连山大岭,险峻异常。两省议决,湖北省境内工程由四川省代修。

1907年,四川省商办川汉铁路公司成立于成都,川、鄂两省民众呼吁派詹天佑主持路工,1909年,詹天佑被派任川汉铁路总工程师兼会办,只因京张铁路工程未完,一时不能分身。经商议,先选派副手颜德庆离京张往宜昌,任川汉铁路副总工程师。

由于湖北宜昌至四川万县(今是重庆市万州区)地形复杂施工难度大而被迫停止。约100年后,建川汉铁路的梦想于2003年国务院批复同意,新建宜万铁路才正式动工,2010年12月正式通车。出川的梦想终于实现。

> **【詹天佑名言】**
>
> 各出所学,各尽所能,使国家富强不受外侮,以自立于地球之上。

在保路运动发展过程中,詹天佑对清政府的腐朽没落,有了更进一步的认识。在辛亥革命爆发前,广州紧张,富者多逃香港,商办粤路公司人员,出现离散倾向,詹天佑的朋友亦劝他不要留住广州。

他召集各部门负责人,宣布决心坚守岗位,任何人想走可以离开,但须把经办工作交代清楚。在詹天佑的影响带动下,粤路公司无一人离去,在整个革命期间,列车照常开行。而邻近的广三铁路,因领导人员率先逃跑,铁路运输和财产损失重大。

1912年5月,孙中山从事实业建设,首先到广州视察广东省商办粤汉铁路公司,詹天佑率公司人员欢迎。孙中山指示:"粤汉干路,关系民国建设前途盛大,且大利所在,并为振兴实业之首务。望速图之。"

同年9月,孙中山到达北京的时候,视察了京张铁路和张绥铁路工程局,并向报界宣布,拟请詹天佑等人筹划全国铁路。

詹天佑故居

詹天佑故居共有两处,一为广州詹天佑出生地;詹天佑故居位于湖北省武汉市江岸区洞庭街51号,建于1912年,是詹天佑任汉粤川铁路会办兼总工程师期间由他本人亲自设计监造。

湖北省武汉市故居是一栋砖木结构的西式二层楼房。其向阳的东、南、西三面环以回廊,其中东立面回廊采用券柱式,南、西立面则为廊庑。主入口为八字形石台阶,大门、走廊均居于正中,呈内走廊布局。在上下两层走廊的两侧各有三间大小不等的房间,楼上右前房为詹天佑的卧室。顶部为红瓦四面坡屋面,设有阁楼和老虎窗。楼前是种植葡萄和花草的庭院。现保存完好,辟有

【人物简介】

詹天佑(1861年—1919年),字眷诚,号达朝,中国近代铁路工程专家。汉族,原籍安徽婺源,生于广东南海。12岁留学美国土木工程及铁路专科,大学毕业获学士学位归国;1905—1909年主持修建我国自建的第一条铁路——京张铁路;创造"竖井施工法"和"人"字形线路,震惊中外;在筹划修建沪嘉、洛潼、津卢、锦州、萍醴、新易、潮汕、粤汉等铁路中,成绩斐然。著有《铁路名词表》《京张铁路工程纪略》等;有"中国铁路之父"和"中国近代工程之父"之称。

詹天佑故居陈列。

2001年06月25日,詹天佑故居作为近现代重要史迹及代表性建筑,被国务院批准列入第五批全国重点文物保护单位名单。

詹天佑的出生地和故居纪念馆位于广州市荔湾区恩宁路十二甫西街芽菜巷42号,古朴的青砖、木趟栊和满洲窗,是一座原汁原味的西关大屋。

詹天佑铁道科学技术奖

詹天佑科学技术发展基金会是在中国科学技术发展基金会詹天佑铁道科技发展基金的基础上,按国家新颁布的《基金会管理条例》的要求设立的。

基金会是从事社会公益性活动的非营利民间组织,独立社团法人。基金会实行双重管理体制,业务主管单位是铁道部,登记管理机关为民政部,负责举办詹天佑铁道科学技术奖。

詹天佑铁道科学技术奖(简称詹天佑奖)旨在表彰奖励铁路科技领域作出突出贡献的科技人员,促进科技创新和优秀人才成长。激励科技人员刻苦钻研,不断创新,勇攀科技高峰,为推进和谐铁路建设,实现经济社会又好又快发展作出贡献,已成为国家科学技术奖励重要的、有益的补充。

自1993年设奖以来,每两年举办一届,已经进行了十届奖励活动,共奖励1165人,其中专项奖612人。詹天佑铁道科学技术奖是首批经国家科学技术奖励工作办公室审查批准予以登记的奖项,并颁发《社会力量设立科学技术奖登记证书》。

2010年在全国清理规范评比达标表彰工作中,经中共中央、国务院同意,詹天佑铁道科学技术奖是确定的保留项目。詹天佑奖是国家科学技术奖励的有益补充,也是铁路科技领域有重大影响的奖项,受到了广大科技工作者的欢迎和瞩目。

耶鲁小百科

　　耶鲁虽然以人文学科著称,但是其文理并重的风格同样为耶鲁造就了许多世界一流的科学家。如 1755 年发明潜水艇和鱼雷的科学家戴维·布什内尔、1837 年创办美国《科学》杂志、有"美国教育之父"之称的小本杰明·西利曼、发明世界第一台高能粒子加速器回旋加速器、获得 1939 年诺贝尔物理学奖的欧内斯特·劳伦斯、IBM 公司前董事长约翰·艾克斯、联邦快递创始人史密斯;我国在耶鲁毕业的著名学子包括铁路桥梁专家詹天佑、1894 年中日甲午海战英雄吴应科和著名人口学家马寅初等。迄今为止,耶鲁学子共有近 20 人获得诺贝尔奖。

第二章　美国政治领袖的摇篮

独特的"领导者教育"也是耶鲁大学的一大特色。从挑选学生开始，领导才能和潜力就成为决定学生是否能被录取的重要标准。

第一课　教授治学

耶鲁大学最重要的管理特色是"教授治校",这一特色对美国高等教育产生了巨大影响。

建校初期,经过三代校长的努力,耶鲁逐渐形成了董事会不具体参与校务管理、而由教授会治校的法规。在当时的美国流传着这样一句话:"普林斯顿董事掌权、哈佛校长当家、耶鲁教授做主"。

300年来,耶鲁人一直为能够坚持独立精神,不向外来的政治压力、物质利诱妥协而自豪——18世纪中叶,托马斯·克莱普任院长期间,坚持耶鲁是私立学校,并十分强调大学的独立。为此,他采取一切可能的方式对地方政府的干涉进行抵制,直至诉诸法律。

至20世纪60年代越战期间,美国政府下令:凡是自称以道德或宗教理由反战的学

生一律不准得到奖学金的资助。当时美国诸多名校全都遵照政府的指示行事。唯独耶鲁坚守学术独立的一贯作风,仍继续以申请者的成绩为考虑奖学金的唯一原则,完全漠视政府的规定。

结果,耶鲁因此失去了来自联邦政府的一大笔基金,经济上几度陷入困境,但其信念依然不变。现任校长理查德·莱温亦曾因捐款人对耶鲁所设课程及其教授聘任提出附加要求,而毫不犹豫地拒绝了2000万美元的捐赠。

加州大学前校长田长霖教授曾经说:"在美国,大家有一种认识,哪一个学校的教授力量大,哪一个学校将来就会成为最著名的学校。"教授治校不仅被伯克利奉为圭臬,也同样是耶鲁三百年来所尊奉的。

耶鲁人文教育的目标之一是培养学生的人文精神:一种追求人生真谛的理性态度,即关怀人生价值的实现、人的自由与平等以及人与社会、自然之间的和谐等。校长理查德·莱温也说:"让青年学生们用自己在

学术、艺术等专业上的成就为社会做出贡献,为人类生存条件的改善而工作。"

19世纪初,美国举国上下提出大学课程设置应着重实用学科,美国东部许多高校纷纷设立实用学科。课程改革的浪潮冲击着美国的大学,也冲击着以保守著称的耶鲁,它迅速地对这一浪潮做出反应,其结果是,1828年,在杰里迈亚·戴校长的领导下,耶鲁发表了著名的《耶鲁报告》。

为了坚持大学的追求真理、增加知识的学术使命,1986年任校长的施密特德教授强调耶鲁必须坚持思想的绝对自由及对智力亦即学术追求的不可动摇的信奉,他并且在开学典礼上要求耶鲁的新学子们像一代代比他们年长的校友一样接受这一大学观念。

耶鲁把培养学生成为具有爱国精神,能对国家尽到责任和义务的"责任公民"作为大学道德教育的目标,强调学生必须具备美国"国民精神",要时时处处为美利坚的强大而自豪和尽责,并把不断涌入的移民"美国化"。

耶鲁小百科

　　在美丽的耶鲁大学校园内,有一幢希腊神庙式的小楼,几扇狭长小窗终年紧闭,整幢建筑笼罩着一种神秘色彩,这个并不起眼的建筑就是美国最神秘也最有权势的同学会所在地。

第二课　美国学院之母

耶鲁大学名言

不要想太多,定时清除消极思想。

在美国历史上,有5位总统毕业于耶鲁:威廉·霍华德·塔夫脱、杰拉尔德·鲁道夫·福特、乔治·布什、比尔·克林顿和乔治·W.布什。耶鲁凭借其优秀的学子创造了一个政坛的奇迹。所以,耶鲁素有"总统摇篮"之称。教员见面经常开的玩笑就是:"一不小心,你就会教出一个总统来。"

除了总统之外,它还培养了众多美国政坛上光彩夺目的领袖人物:如副总统切尼(虽然辍学,但也出自耶鲁)、第一个通过民选而获得参议员的美国第一夫人希拉里、民主党副总统候选人利伯曼、参议员詹姆斯·杰福兹、前国务卿万斯、印第安纳州州长罗伯特·奥尔、密苏里州州长约翰·阿合克罗夫特、俄亥俄州州长理查德·塞莱斯特,甚至还有韩国前国务总理李洪九等一些外国政治家。

据相关数据统计,自1789年以来的美国内阁中,9%的成员来自耶鲁,10余位美国最高法院大法官都曾在耶鲁学习。耶鲁毕业生还成为众多著名大学的创始人或第一任校长,如普林斯顿大学、康奈尔大学、约翰·霍普金斯大学、哥伦比亚大学、芝加哥大学等，并因此将"美国学院之母"的桂冠奉献给自己的母校。

　　而担任美国企业领导的耶鲁人，数量也远远超过其他大学，飞机设计师和企业家波音、可口可乐公司董事长戈伊苏埃塔、国际投资家罗杰斯、TIME创始人亨利·鲁斯、联邦快递创始人弗雷德·史密斯、IBM公司前董事长约翰·艾克斯都是世人皆知的人物。

　　在耶鲁大学众多的学术精英中，有13位学者曾荣获诺贝尔奖。经济学家嘉林·库普曼斯；细胞生物学家乔治·柏拉德；化学家拉斯·昂萨格；物理学家默里·盖尔曼；作家辛克莱·刘易斯；微生物学家约翰·恩德斯；物理学家欧内斯特·劳伦斯；生理学家迪金森·理查兹；遗传学家乔舒亚·莱德伯格；生物化学家爱德华·塔特姆；物理学家小威利斯·兰姆；微生物学家马克斯·泰累尔；生物学家悉尼·奥尔特曼。

　　耶鲁也培养出一批杰出的中国留学生。他们是：容闳、詹天佑、颜福庆、马寅初、晏阳初、李继侗、杨石先、施汝为、陈嘉、王家楫、高尚荫、唐耀、杨遵仪、应开识、林璎等等。

　　耶鲁也为美国演艺圈输送了大批光彩照人的文艺明星，其中最为中国观众熟悉的是以主演《苏菲的选择》和《克莱默夫妇》而两度夺取奥斯卡奖的梅里尔·斯特里普，还有《X档案》中的男主角大卫·杜楚尼，以及克莱尔·丹丝、朱丽叶·哈里斯、保罗·纽曼、山姆·沃特斯顿、亨利·温克勒等。

　　耶鲁1929级毕业生保罗·梅隆

成立了耶鲁英国艺术中心，捐赠他本人多年收藏的名画及其他珍品，使该中心成为美国最大的英国艺术博物馆。剧作家伊莱亚·卡赞是美国著名导演和作家，毕业于耶鲁戏剧学院。他以导演《推销员之死》《欲望号街车》赢得声誉，影片《绅士们的商议》和《滨水区》为他赢得奥斯卡奖。

耶鲁小百科

　　耶鲁大学在12个住宿学院之间进行的业余体育联赛是学生生活中的一个重要部分。每年共分三个赛季，包括秋季、冬季和春季，每个赛季都包括超过十种项目，其中一般都是男女混合参赛。体育比赛的项目除了正式项目外，还有保龄球，台球等项目。

第三课　耶鲁大学与美国政治

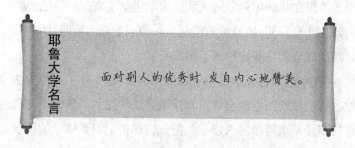

耶鲁大学名言

面对别人的优秀时，发自内心地赞美。

《波士顿环球报》曾经写道："如果有那么一所学校能够自称在过去几十年为美国培养了高级领袖，那就是耶鲁大学。"自1972年以来，耶鲁大学校友在历次的美国总统大选中都或代表民主党或共和党参选。自从越南战争结束以后，毕业于美国耶鲁大学的总统包括：杰拉德·福特、乔治·H.W.布什、比尔·克林顿和乔治·W.布什。

在此期间代表主要党派的总统候选人还包括了约翰·克里（2004）、约翰·利伯曼（副总统，2000）和萨金特·史瑞佛（副总统，1972）。其他在此期间曾认真考虑过竞选的耶鲁校友还包括霍华德·迪恩（2004）和盖瑞·哈特（1988）。

对于耶鲁大学在越南战争之后美国总统大选之中所占的特别比例有诸多解释，其中许多都将其归结于20世纪60年代以来耶鲁大学校园内的浓厚政治运动精神和威廉·斯隆·考斐对许多后来的参选人的影响。耶鲁大学现任校长莱文更将耶鲁大学的重心描述为"培养未来领袖的实验室"。

希拉里·克林顿也曾经在耶鲁法学院学习过。

事实上,当希拉里进入位于纽黑文的耶鲁法学院时,就被参与解决儿童和穷人的问题。这激发了她的能动意识,磨炼了她的领导才能,甚至在这里,她遇到了未来的丈夫。因此,我们应该更多了解希拉里在纽黑文度过的时光。

当希拉里在1969年秋季进入耶鲁大学法学院之前,她已经是一位名人了。就在几个月前,她被威尔斯利学院的同学选为新闻首席评论员,并且她对越南战争的一些评论成了国家新闻。

此外,在来到耶鲁大学第一年的第二学期,她主持了一个由法学院学生参加的有关政治问题的会议。希拉里在法学院的同学已不记得内容是关于肯特州或是柬埔寨的入侵了,但他们却仍记得希拉里的风度和谈判技巧——希拉里在法学院的朋友卡罗琳·埃利斯近期回忆道:"一个一年

级的女生主持一个全部由二、三年级男生参加的会议,这是多么地不同寻常。"事实上,在希拉里所在的班级,只有15%是女生。

希拉里在法学院的第一年,住在位于纽黑文市中心的集体公寓。希拉里在耶鲁大学的第一位舍友,乔迪·亚当斯·韦斯布罗德,曾和她在第一学期共处一室,回忆说希拉里是一位很随和的人,如果她不是一位"超级大管家"的话。当时,希拉里留着长长的棕色的头发,戴着厚厚的眼镜遮阳,喜欢穿蓝翎牛仔裤。她从不化妆,很少穿裙子,但那也很难把她与法律系其他女生区分开来。

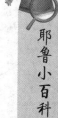

耶鲁小百科　　独特的"领导者教育"也是耶鲁大学的一大特色。从挑选学生开始,领导才能和潜力就成为决定学生能否被录取的重要标准;大学教育中,领导学和领导艺术也总是被优先考虑。耶鲁大学在课外活动方面不断增加资金投入,支持各种学生社团和竞赛,特别是演讲和辩论,从中不断挖掘具有领导者潜力的人才。

第四课　耶鲁大学名人榜——克林顿

耶鲁大学名言

敢于尝试，敢于丢脸。

威廉·杰斐逊·克林顿，美国律师、政治家，美国民主党成员，曾任阿肯色州州长和第42任美国总统。在克林顿的执政下，美国经历了历史上和平时期持续时间最长的一次经济发展。在美国在线于2005年举办的票选活动《最伟大的美国人》中，克林顿被选为美国最伟大的人物第七位。

在英文中，叫William的人的小名一般都叫Bill，所以，他也可以称为Bill Clinton，比尔·克林顿。

曾任阿肯色州州长（1979年—1981年、1983年—1992年）和第四十二任美国总统（1993年—2001年）。

他曾经担任美国第四十二任总统长达8年（任期1993年1月20日—2001年1月20日），他与他的副手艾伯特·戈尔一起在1992年击败当时竞选连任的老布什而当选总统，并在1996年以压倒性优势击败共和党参议员鲍勃·多尔连任。到2001年离职时，是美国历史上得到最多公众肯定的总统之一。

他是美国第一位出生于第二次世界大战之后的总统、第三位遭受国

会弹劾动议的总统,也是仅次于西奥多·
罗斯福和约翰·肯尼迪之后的最年轻的
美国总统,以及富兰克林·罗斯福之后连
任成功的唯一的民主党总统。

他被称为新民主党人,其执政理念
也被归结为第三种道路。在他的执政下,
美国经历了历史上和平时期持续时间最
长的一次经济发展,实现了财政收支平
衡和国库盈余5590亿美元。

在其总统任期内也遭遇了不少挑
战,由于其保健计划改革等政策的失败,
共和党在事隔40年之后首次获得众议院
的控制权。在第二个任期内,因伪证罪和
妨碍司法罪被众议院弹劾,但最终被参议院否决弹劾案并完成任期。

他以65%的民意支持率结束任期,创下了二战后美国总统离任最高
支持率纪录。此后,一直进行公开演讲和人道主义工作,成立了威廉·J.克
林顿基金,致力于艾滋病和全球变暖等国际问题的预防。2004年,出版了
自传小说《我的生活》。

1962年,他作为阿肯色州学生代表,到首都华盛顿出席全国青少年团
体代表大会,1964年高中毕业后考入乔治敦大学,主修外交专业,曾担任
大学学生会主席并协助联邦参议员威廉·富布赖特工作。

1968年,克林顿大学毕业,获国际政治学学士学位,并考取罗兹奖学
金赴英国牛津大学学习。1970年,他考入美国耶鲁大学法学院,1973年毕
业,获法学博士学位,同年到阿肯色州州立大学担任教授。

1976年,克林顿出任阿肯色州司法部部长,1978年至1980年任阿肯色
州州长,1982年至1992年又连续5次担任州长。克林顿任州长期间,在推动
州教育改革和实施经济发展计划方面取得成就,被选为美国南部经济发
展政策委员会主席,兼任全美州长联席会议主席,并曾协助总统主持国家

最高教育当局的工作。

1990年,克林顿被选为民主党最高委员会主席。1992年11月3日,克林顿当选美国总统,1996年11月再次当选。2000年1月卸任。2005年4月出任联合国海啸救灾特使。2009年5月19日,联合国秘书长潘基文任命克林顿为联合国海地事务特使。同年6月正式就职。作为特使,克林顿的年薪是象征性的一美元。

克林顿兴趣广泛,尤其爱好音乐,擅长演奏萨克斯管,曾担任阿肯色州管乐队首席萨克斯管演奏员。1998年6月25日至7月3日,克林顿对中国进行国事访问。6月29日,他在北京大学发表演讲,并向北大图书馆捐赠了500多册英文书籍。

2003年10月应中国人民外交学会邀请访华,并在清华大学就艾滋病等问题发表演讲。2005年9月,克林顿访问郑州发表演讲,希望中国越来越强大。2009年5月6日,克林顿被授予"杜鲁门公共服务奖",以表彰他在任总统前、任总统期间和卸任后所做的公共服务。

早年生涯

克林顿出生于阿肯色州的霍普,然后在温泉城长大。克林顿的本名叫威廉·杰斐逊·布莱斯三世(William Jefferson BlytheIII),他的父亲小威廉·杰斐逊·布莱斯是一名推销员,在比尔出生前三个月因车祸去世。

比尔出生后,他的母亲弗吉尼亚·德尔·卡西迪独自一人前往新奥尔

良学习护理,将比尔留在了开杂货店的外祖父母身边。当时,美国南部仍然处于种族隔离状态,比尔的外祖父却打破社会惯例,允许所有种族的人以赊账的形式购物。1950年,比尔的母亲从护士学校毕业回到霍普,不久与温泉城的汽

车经销商罗杰·克林顿结为夫妻。此后,比尔就与母亲和继父共同生活在温泉城。

克林顿就是由母亲和这位继父抚养的,他在15岁那年正式将姓氏改为"克林顿"。克林顿在一个暴力家庭中长大,继父是个酒鬼和赌徒,经常虐待克林顿的母亲和他同母异父的兄弟小罗杰(1956年出生)。

克林顿在学校的成绩出色,而且是个很好的萨克斯演奏手,他曾一度想要成为一名专业的音乐家。在高中时他作为全国学生代表到白宫与当时的美国总统约翰·肯尼迪见面。这次的白宫之旅让他下定决心要成为一名公务员。

出身贫寒的克林顿在乔治城大学外交学院拿到国际关系学位后,又获得了罗兹奖学金,得以到英国牛津大学深造,1973年又获得了耶鲁法学院的法学学位。在耶鲁他遇到了希拉里,两人在1975年结婚。他们育有一个女儿切尔西(1980年出生)。

在阿肯色大学教了几年法律之后,1976年克林顿当选为阿肯色州总检察长,并在1978年首次当选该州州长,当时他也是美国最年轻的州长。他的第一个州长任期是在艰难中度过的,面对了重重难题,做出的各样改革面对非常强大的反对阻力。包括了不受欢迎的机动汽车税和1980年一些待甄别的古巴难民成功越狱。在难民营的设置问题上,民主党的卡特总统拒绝克林顿的建议,坚持在阿肯色州设置难民营,引来选民反感,民主党在该州的声望大跌。

另外,克林顿的夫人希拉里·罗德姆作为州长夫人却拒绝改用夫姓也在比较保守的阿肯色州引来许多争议。主持的教育改革被州民责骂,骂为最恶毒的女人。1980年克林顿在第一个任期满后就连任失利,被共和党人弗兰克·德沃德·怀特(FrankDurwardWhite)取代。怀特主张立即取消机动汽车税,取消克林顿的改革。

在下台后,克林顿反思了自己政治生涯上的失败。他与强大的商业利益集团建立起了新的关系,并修补了与州内政府部门的关系。希拉里也同意改用克林顿作为姓氏,在公开场合将自己重新塑造成一名更为传统的

政治人物的妻子，而同时作为律师的她又在许可的范围内暗暗建立起自己的政治势力。

同时，新州长怀特做出了共和党执政者常用的手法，在决定电力公司是否加价的委员会中加入电力公司的职员，通过一条规定课堂教授进化论的同时，也要给予相同时数的课堂教授创造论(传统的共和党人坚持人类是上帝创造出来的)的法例。而且取消克林顿设立的有益人民的设施，引来州民不满。

1982年克林顿宣布出山再次竞选州长，终于再度当选州长，并且连续执政10年，直到1992年竞选总统。

克林顿对商业集团的友善使共和党无可挑剔，但是在他执政期间的多起交易引发了后来的白水门调查，影响了其总统任期后段的声誉。

总统生涯

克林顿在担任阿肯色州长期间已经被看作是民主党内的明日之星，各方都相信他有朝一日一定会竞选总统。他第一次踏入全国的政治舞台是在1988年的民主党全国大会，被邀请发表讲话，介绍民主党的总统候选人迈克尔·杜卡基斯(MichaelDukakis)。这场原定15分钟的演讲后来成为一场臭名昭著的长达一个半小时的乏味谈话。

尽管遭遇了第一次的打击，克林顿还是决定参加1992年的总统选举，挑战寻求连任的共和党总统老布什。当时刚刚经历过海湾战争的老布什似乎铁定连任，而民主党内其他的几位对手，特别是纽约州州长马里奥·郭默(MarioCuomo)也都跃跃欲试，克林顿当选的机会很小。

但事情却有出人意料的发展，老布什战后如日中天的声望让众多包

括郭默在内的民主党重量级战将打
了退堂鼓，在蜀中无大将的情况下，
饶有声望却资历较浅的角逐者有了
机会。虽然克林顿在全国第一场新罕
布什尔州初选输给了马萨诸塞州参
议员宗格斯，但他后来居上，赢得了
民主党提名。

1992年7月9日，在党内初选中获
胜的克林顿选择了参议员艾伯特·戈
尔作为他的竞选伙伴。最初许多人都
批评这项选择十分不智，因为戈尔就
来自于与阿肯色州接壤的田纳西州，
两州皆在南方，违反了正副总统候选
人来自不同区域的传统选战策略。但
是现在回想起来，许多人认为戈尔在1992年的选举中也是克林顿获胜的
关键因素之一，因为两人的年轻特质给予选民一个清新的印象。

1992年11月4日凌晨，四年一度的美国总统大选最终揭晓，46岁的比
尔·克林顿击败68岁的乔治·布什荣任第四十二任总统。这是民主党人在
共和党连续执政12年后，在大选中几经奋争击败共和党而重主白宫的胜
利，也是第二次世界大战后出生的美国新一代政治家第一次取代老一辈
人而主导美国政坛的历史性事件。当选总统克林顿向世人庄严宣告，这是
"一个伟大的开端"，它将实现"变革"诺言，重振美国雄风。

克林顿最终赢得了1992年选举的胜利，这主要是因为他的竞选策略
专注于国内议题，特别是当时陷入低谷的美国经济。他的竞选总部曾经
张贴出一句非常著名的标语："笨蛋，问题是经济！"（"It'stheeconomy,
stupid！"）

而克林顿的对手却主要攻击他的人格缺陷，包括他在越南战争期间
逃避兵役，吸食大麻的问题和女性的绯闻以及几起有问题的商业交易。这

些指控虽然没有阻止克林顿当选总统，却在保守派人士中间引起了反克林顿浪潮。

上任初期

克林顿一上任便试图大刀阔斧的按照自由派理想来改造社会。他增税，开展各种政府计划，试图让同性恋在军队中公开化，又试图改造美国的医疗健康保险制度，结果引起反弹。

军队公开同性恋的总统令受到军方的强烈反对，推行不易，最后以"不问不说"（Don't ask, don't tell）的折中方案草草收尾。奢侈税（luxury tax）的开征原意是要向富人征税，结果却事与愿违，导致皮草、游艇等高价商品销售下跌，伤害了中产阶级销售员的收入。

后果最严重的是改革医疗健保制度的尝试。医疗健保改革的目标是要让全民都享有健康保险和医疗服务，立意崇高，但要达到这个目标却十分困难。

从其他国家和地区的实践结果来看，全民健保计划连它的可行性都还有争议，遑论改革的方法。例如，加拿大的全民健保制度强调价格控制，结果是加拿大的医疗界几乎没有新药的研发，最先进的医疗科技在加拿大无法取得，有能力负担的加拿大人民必须南下美国寻求医疗服务。

几年前台湾也开始了全民健保，短短几年问题已经浮现：民众无节制地享受医疗服务，医院钻付费系统的漏洞图利自己，导致系统的财务缺口越来越大，整个全民健保制度正在走向破产。

克林顿委派了同样在政治上雄心勃勃的他的妻子希拉里主导一个委员会负责策划健保改革。当时民主党掌握国会参众两院和白宫，理论上有机会通过任何民主党愿意通过的法案。

但是希拉里领导的委员会没有征询外界的意见,包括其他民主党人士,而只是闭门研议出一套改革方案,结果是,健保改革牵涉盘根错节千丝万缕的利害得失,委员会最后提出的健保改革法案连民主党的议员都不支持,不但整个改革计划完全失败,其所引发的社会反弹连带导致民主党在1994年的期中选举惨败,丧失了参众两院的控制权。共和党纽特·金里奇成为众议院长。

【"环境保护"提案】

　　克林顿在总统第二任期注重环境保护,1997年《京都议定书》在日本京都通过。虽然美国国会未核准《京都议定书》,但克林顿在副总统艾伯特戈尔的支持下,于1998年3月签署了《京都议定书》。

1996年总统大选

经过了上任初期的混乱与1994年的选举失败,克林顿政府决定回到中间路线。克林顿聘请了共和党谋士戴维·葛根作为顾问,同时雇用了共和党选举策师迪克·莫里斯。莫里斯为克林顿制定了一个"三角策略",即白宫采取一个在国会民主党和共和党之间的立场,与两党议员都保持等距离。

这个策略证明十分有效,随着1996年大选的到来,克林顿逐渐恢复中间派的名声,政坛恢复稳定,经济也恢复增长,美国国民大体对生活觉得满意,克林顿在竞选连任过程中一路处于上风。

反观共和党方面,赢得提名的是堪萨斯州老牌参议员鲍勃·多尔。高龄的多尔在年龄上处于劣势,他并不能提出一个能吸引选民的议题。多尔仓促提出了17%齐头税率的政见,既显得轻率,选民也对这种未经认真论证的政策

抱持怀疑的态度。

眼看着大势将去，多尔放手一搏，辞去了参议员和参议院多数党领袖的职位。这个策略短暂地鼓舞了共和党的士气，但是没能力挽狂澜于既倒。克林顿以370对168的选举人票数赢得连任。

克林顿执政期间还接二连三的爆发政治丑闻，事件有：旅行门事件：为了安插希拉里的人马，克林顿刚上任便解雇了白宫旅行办公室主任比利·戴尔以及其他6名职员。当外界质疑声起，白宫令联邦调查局调查戴尔，指控他盗窃公款，试图为解雇提供合理借口。经过长达两年的诉讼，陪审团仅讨论了两个小时便判决戴尔无罪。备忘文件显示克林顿夫妇的好莱坞友人哈瑞·汤普森想要包揽白宫的旅行业务。

白水案：事件起因于一宗克林顿夫妇参与的称为白水的土地开发案。该案涉及包括逃漏税、利益输送等违法情事，在初期的调查过程中关系人温斯·佛斯特又自杀身亡，导致司法部介入调查。白水案的调查最后没有发现克林顿夫妇的违法证据，但是却引出一系列案外案，导致15人被定罪，包括克林顿夫妇的商业伙伴麦杜格，律师同事韦伯斯特·哈勃，以及克林顿的副州长吉姆·塔克。

佛斯特自杀事件：白水案爆发之后，检查单位展开调查，关系人温斯·佛斯特自杀身亡。由于时机敏感，佛斯特之死是自杀还是他杀留下争议。

账单门事件：检察官于1994年索取希拉里在玫瑰法律事务所的任职时的律师账单纪录，诸多档案独独这批文件不翼而飞。希拉里宣称不知情，但两年后这批文件却出现在白宫希拉里办公室旁边的一个小房间内。

经调查,档案上有希拉里的指纹和白宫法律顾问佛斯特书写的备忘文字。

期货门事件:希拉里被爆料在1980年曾经进行活牛期货交易,在几个月内把1000元的投资额炒到10万元。投资专家相信若无他人特意送钱,专家都不可能有这种交易成绩。

档案门事件:克林顿政府调阅了900多位共和党高层人士的联邦调查局档案。事件曝光后白宫宣称这是不小心的一个错误。根据当时的克林顿谋士、但后来与克林顿决裂的迪克·莫里斯爆料,是在他把令人担忧的民调结果告诉希拉里之后,希拉里展开了对敌对党人士的扒粪工作。

高尔夫门事件:白宫幕僚戴维·瓦金斯私自调用总统直升机去打高尔夫球。事件曝光后瓦金斯被迫辞职。

哈勃门事件:掌握许多内幕的希拉里前法律同事韦伯斯特·哈勃,似乎不正常的总能得到贵人相助。在被定罪的哈勃被迫从司法部辞职、等待入狱的五个月空档中,印度尼西亚力宝集团竟然雇用他为法律顾问,付给了他25万美元的酬劳。

印度尼西亚门事件:一对家境中等的印度尼西亚夫妇竟然能够捐献45.2万美元政治献金给民主党全国委员会。该对夫妇与力宝集团有关系。共和党人怀疑其中有利益交换。

葆拉·琼斯事件:前饭店女雇员葆拉·琼斯指控克林顿在担任州长的时候把她叫到僻室并对她暴露下体。琼斯指控所引发的调查导致了后来的莫尼卡莱温斯基事件。

珍尼佛·弗劳尔斯事件:珍尼佛公布和克林顿有长达11年的恋情;克林顿则坚称他们两人"没有11年

的恋情"。数年后,克林顿承认他和佛劳尔斯有10年(而非11年)的恋情。此事为克林顿油嘴滑舌的代表作之一。

凯萨林·威莉事件:竞选志工凯萨林·威莉指控克林顿对她性骚扰。

娃妮塔·布罗垂克事件:知情人士指控克林顿在担任阿肯色州检察长期间强暴了娃妮塔;当事人不愿意再出面,但是也没有否认这个说法。

阁员滥用公款事件:能源部长海若·欧莉蕊被揭发用公款雇用形象设计师为她个人服务、频繁在外国旅行而且每次旅行都铺张浪费。

阁员包养情妇事件:住屋部长亨利·辛西奈罗包养情妇、付钱想要封口、又对联邦调查局探员撒谎,最后被迫下台。

阁员利益冲突事件:农业部长迈克尔·埃斯比涉嫌接受泰森食品公司的招待观赏超级杯足球大赛。农业农村部负责管理泰森食品所在的食品业,埃斯比被迫下台。

林肯套房事件:1994年,民主党期中选举惨败之后,共和党声势大振,克林顿担心他将在1996年连任失败,于是加大力度筹措竞选经费,国家公器明码实价的出售。只要捐献10万美元政治献金,就可以在白宫的林肯睡房住一晚;与克林顿喝咖啡也有价钱。

莫尼卡·莱温斯基事件:1998年,克林顿同白宫女实习生莫尼卡·莱温斯基的性丑闻被曝光,受到司法部门调查。共和党并在国会提出了弹劾议案,但定罪未获通过。这就是著名的"拉链门"案件,一般认为此案的政治意义大于其法律意义。

由于事件的煽情本质,莱温斯基事件或许将成为克林顿政府的历史上最不光彩、然而却最有生命力的一页。

1996年大选结束后,克林顿的白宫处于选后的放松状态,碰巧当时共和党的国会为了预算问题而与白宫抗争,冻结了联邦开支,许多政府雇员都被指示暂时不要来上班, 造成了包括白宫在内的许多政府机关空空荡荡的没有几个人。就是在这样的一个大环境下,克林顿和白宫实习生莫尼卡·莱温斯基邂逅、调情、并发展为情人关系。

克林顿和莱温斯基的亲密关系维持了5个月。虽然外界并不知情,但是在总统周遭的执勤人员之间却是公开的秘密。1997年4月,莱温斯基的上司担心她与总统过从太密,于是把她调职到国防部。

莱温斯基在国防部认识了琳达·崔普,两人成为闺中密友。莱温斯基开始向崔普透露与总统交往的内容。她不知道,关于这个滔天秘密的电话谈话被崔普秘密录音。

1998年1月,葆拉·琼斯性骚扰案的原告律师开始搜集总统拈花惹草的证据,试图借以证明总统的好色性格。莱温斯基呈交了书面证词宣称自己没有和总统往来,又试图说服崔普帮她圆谎,但是崔普不愿冒伪证罪的危险,于是将她的录音带拿给了白水案特别检察官肯尼斯·史达。于是,史达介入了这宗桃色事件的调查。

克林顿一开始否认跟莱温斯基有染。在公开的场合以及宣誓作证的情况下他都斩钉截铁地宣称自己和莱温斯基没有性关系。克林顿所赖以理直气壮的撒谎的逻辑是,由于"自己只是接受服务的一方,因此不算有性关系"。

但是录音带以及莱温斯基的详细日记迫使她把事实和盘托出,而莱温斯基所提供的证据又证明总统说了谎。最关键的证据是一件沾有总统精液的蓝色洋装,莱温斯基原想把它留作纪念,没想到却留下了总统的DNA证据。当化验结果出炉,总统不得不对全国发表讲

话,向人民道歉,承认自己和莱温斯基有不正当的交往。

共和党人抓住了克林顿的小辫子,把克林顿扣上刑事伪证罪的大帽子,对他提出了弹劾。很明显,共和党人由于对克林顿的憎恶而采取了偏激的立场,把小事化大;他们的行为没有被选民认同;1998年期中,选举原应有所斩获的共和党遭受小败。但是克林顿也承认是咎由自取,按照他自己的说法,是他"给了政敌们一把刀子,而他们把刀子刺进了他的心脏"。

克林顿成为美国历史上第三位被弹劾的总统(前两位分别是安德鲁·约翰逊和理查德·尼克松)。按照美国宪法规定,对总统的控罪在参议院进行审判,最高法院首席大法官威廉·伦奎斯特担任法官,全部参议员作为陪审团,众议院则派出十五名众议员担任检察官。必须有三分之二参议员投赞成票,控罪才能成立。结果是,投赞成票的参议员甚至没有过半数;总统的控罪不成立。整个事件才终于落幕。

特赦门事件:克林顿在任满离职前数小时特赦了140人,许多引发争议,包括他的弟弟(毒品罪),马科·瑞奇(逃漏税),以及数名付了20万美元给希拉里兄长休·罗丹的毒贩和诈欺犯。一名特别检察官被指派来调查特赦门事件。

20世纪90年代的经济繁荣

克林顿执政期间最大的成就是繁荣的经济。拜互联网科技成熟之赐,一个崭新的科技产业在1996年开始发展起来,并于1998年进入白热状态。互联网革命创造了一个带有巨大产值的新产业,连带创造了高薪的工作机会,带动了经济的运转。

股票市场的快速膨胀则让股民享受了几年的纸上富贵。不过在克林顿任期的最后一年,科技泡沫已经开始破裂。道琼斯工业指数在2000年4月达到历史高峰之后开始长达了两年的下跌,跌幅高达40%。科技股云集的纳斯达克市场跌幅更超过80%。

离任生活

1999年克林顿夫妇将法定住址迁往纽约市郊,2000年希拉里·克林顿竞选纽约州联邦参议员成功。克林顿总统离任后出版回忆录《我的生活》(My Life),现居纽约。

2004年印度洋海啸后克林顿曾出任过联合国海啸灾后恢复问题特使。

2009年5月19日联合国秘书长潘基文宣布任命美国前总统比尔·克林顿为联合国海地事务特使,负责推动和协调国际社会帮助海地恢复重建。

2009年8月4日美国前总统克林顿访问朝鲜,成功争取朝鲜释放两名被判劳教的美国女记者。这次是克林顿卸任后首度访问平壤,也是继卡特后,访问朝鲜的美国第二位前总统。

世界巡回演讲

根据报纸的分析和2005年审核通过的参议员希拉里·克林顿(当时希拉里还没当国务卿)的财务公开报表,克林顿在7年内,从演讲中挣了5000多万美元。在2006年演讲中挣了1020万美元。

他的一位朋友托尼·科尔贺说:"克林顿收到国外的演讲邀请非常多,每天排一场都不可能排完。当他在全世界巡回演讲时,总是座无虚席。人们争着来听他的演讲,而与他同时做演讲的人那里则冷冷清清。他再一次成为一名'国际摇滚明星'。"

美国前总统克林顿2001年11月签署了演员合约,粉墨登场要做男主角。据悉,克林顿将会在一部侦探影片中扮演一位屡破奇案、伸张正义的律师。

克林顿有意进军好莱坞是早为人熟知的事实,据称在他正式向外界表示有意进军影坛后,有关制作单位立即专门为他编写了一个剧本。克林顿的秘书表示克林顿希望成为一名真正的演员。

美演艺界人士称,克林顿具有当演员的天赋和男人的特殊魅力,如果这套剧集推出后受观众欢迎的话,这位美国前总统极可能在娱乐圈开辟一片新天地。

律师出身的克林顿这次扮演律师可谓轻车熟路,不过他的家乡阿肯色州已暂停他的律师资格已近5个年头,因他曾做假证隐瞒他与前白宫见习生莱温斯基之间的暧昧关系。此外,克林顿自动放弃了其在美最高法院的执业律师资格。

美国前总统克林顿老年生活不甘寂寞,终决定涉足娱乐圈,并于2010年11月现身电影《宿醉2》在曼谷的拍摄现场,据称他将在影片中出演一个角色,此次现身正是为了完成曼谷部分的戏份。

"愿再举办世界杯"

美国前总统比尔·克林顿2010年6月24日在比勒陀利亚的洛夫托斯球场亲眼见到了美国队在补时阶段绝杀,从与阿尔及利亚队的生死战悬崖边缘死里逃生,惊险拿到小组出线十六强名额的,对此他赛后感叹自己就像一名普通的球迷一样,兴奋之余喊哑了嗓子,因为那一刻实在是太戏剧性了。

"我昨晚都失声了,"克林顿在接受采访时笑着说道,"在我们进球之前我一直都表现得很平静。但当那球进了球网后,我对自己说,'谢谢上帝给了我们额外的时间'。"

"这场比赛美国队和阿尔及利亚队都带着他们的意志和内心的力量在踢,"克林顿表示,赛后他去了美国队的更衣室,在那里他与仍旧兴奋不已的队员们一起畅饮了一两杯啤酒,显得相当的亲民,"在更衣室里所有人都表示他们是以一支团队在作战,昨晚他们是快乐开心的。"

作为美国前总统,克林顿在自己在任的1994年曾领导美国人民举办了一届相当成功的世界杯,那时候他就体验到了这项世界第一运动所能够带给人的激情与热情,据悉他已表示自己会继续留在南非观看1/8决赛美国队与加纳队的比赛。

此外,克林顿还表达了自己对于美国队从教练到队员上下的敬意,称他们用自己的表现赢得了全世界的尊重。另外,他还表达了美国政府希望能够再一次把世界杯赛带到美国举办的意愿,"如果我们能够再次举办,那对美洲来说无疑是非常好的事情,即使对全世界来说都是非常好的事情。"

创建克林顿图书馆

2004年11月18日,威廉·杰斐逊·克林顿总统图书馆兼博物馆于彻骨寒冷,倾盆暴雨中在美国阿肯色州小石城开馆!该图书馆半悬于阿肯色河上,意在与附近的大桥和铁路桥交相辉映。

从外观上看像一只伸展出去的巨大手臂,它形象地演绎着克林顿赋予图书馆,同时也是给他自己的定位——"通向21世纪的桥梁"。有人将它形象地比作一个"移动式家园",也有人认为它完美地实现了"向21世纪跨梦想。"

克林顿图书馆由一个博物馆和一个大厅聚集区组成。整个建筑群都体现着通透的特性,阳光能落到展厅里,照在展品上。从图书馆各个方向的房间里,都能看到总统公园、河流、河上的6座桥以及小石城的市区。图书馆内收藏了克林顿8年白宫生涯中最重要的文件档案。这些长达8000多万页的文件记录了他的功过是非,留待后人品评(当然也包括莱温斯基事件和白水事件)。

当选联合国海地特使

2009年6月19日,克林顿正式受命担任联合国海

地事务特使，年薪一美元成为这次受命的象征。

当然克林顿此次担任海地特使，主要还是支持海地政府的"海地：新典范"计划，为海地创造新的就业岗位，加强基础设施建设，帮助海地防灾减灾，并推动国际社会对海地的援助。据联合国秘书长潘基文说，在这种情况下，海地政府和人民需要克林顿的支持和影响力。他了解海地，受到海地民众的欢迎，是出任海地事务特使的合适人选。

助夫人角逐总统之位

2008年希拉里宣布竞选总统后，克林顿就担任了一项光荣的任务：为他老婆——希拉里帮忙。

希拉里能当选国务卿，克林顿立下了汗马功劳，这一点是毋庸置疑的，虽然他也帮了一些倒忙，比如高调抨击奥巴马，不按演讲稿演讲，倍加吹嘘自己的过去等等。

但他的功劳也是不可忽视的，首先自希拉里竞选以来，克林顿都会利用单独出镜的机会称赞希拉里，特别是在奥巴马不断抢他老婆风头的情况下。

而且，借助比尔大叔的影响力和关系网，希拉里在一开始遥遥领先于老奥，有一些选民也是因为比尔大叔,所以才愿意去投希拉里的票。在后来希拉里竞选失败后,已年近60的克林顿还是不辞劳苦地帮助希拉里还那竞选欠下的2520万美元的债!

成立基金会

威廉·J.克林顿基金会是克林顿在作为第四十二任美国总统第二任期结束的时候建立的基金会。

从那时起基金会已经变为一全球性非政府的组织,在全世界已超过800个工作人员和志愿者。他们的办事处设在哈莱姆区、纽约市、波士顿、马萨诸塞州和阿肯色州的小石城。

基金会的任务是要加强美国以及全世界人民面对全球性挑战互相依赖的能力。该基金会把重点放在下面这四个重要领域:健康安全;经济权力;领导能力发展和公民服务;种族、民族和宗教的和解。

对克林顿的评价

克林顿是自富兰克林·罗斯福总统以来首位连任成功的民主党总统,他的当选也结束了共和党连续12年执政的历史。1992年的选举也使得民主党自卡特总统以来首次全面控制联邦政府的各个机构部门,包括国会两院和白宫。

尽管克林顿在任内发生了涉及他的一系列丑闻,包括白水门案件和拉链门案件,但克林顿任内却有一定政绩,尤其是他在任内创造了美国8年的长期经济繁荣,并使美国高科技行业的飞速发展,奠定今日美国高科技大国的地位。所以克林顿是历史上得到最多公众肯定的总统之一。此外克林顿任内还签署了《京都议定书》,为控制全球变暖做出了一定贡献。

他的政绩得到多少公众肯定,有客观地评估数据。1999年,美国公共有线电视台

C-SPAN对将近60位历史学者进行访问,请他们在包括领导能力、经济成就、与国会的关系、道德号召力等10个项目内为历任美国总统评分,并计算综合排名。克林顿的综合排名为二十一,在42位总统当中恰恰是中等,落后他的前任老布什(排名第二十)。这个评鉴结果与其后的另外几次评鉴活动大约是一致的;在包含克林顿的6次总统评鉴排名活动中,克林顿的平均排名为20.67。

克林顿总统执政时期美国经济空前繁荣昌盛,在克林顿总统执政时期美国没有受到战争的困扰,也没有经济的不景气,在克林顿总统主政白宫时期,华尔街三大股指屡次创新高,克林顿总统是美国最成功的总统之一,他8年的执政被誉为"黄金八年"。

福布斯发布2012全球最有权势的15对眷侣,比尔·克林顿和现任美国国务卿希拉里·罗德姆·克林顿当选为今年全球最有权势的一对夫妻。

耶鲁小百科

耶鲁大学有一个秘密组织——骷髅会。协会由耶鲁大学毕业生威廉·拉塞尔创立。协会创立之初没有固定的聚会场所,一般每周举行一到两次聚会,多在深夜举行,举行时会在举行地点的门上挂出骷髅会的标志。

第三章　耶鲁大学的文化底蕴

耶鲁大学文化品格的核心是保守。有了大学的保守,才使得大学创新型人才辈出,创新成果不穷。认识大学的保守文化,才会按规律办学,才会对大学的变革报以合理的期诗。

第一课　耶鲁学派

> 　　为了成立一所教会学校,10位受托管理学校的牧师从他们藏书不多的图书馆里拿出40本书,作为建校的资本。

　　所谓"耶鲁学派",指20世纪70年代至80年代初,在美国耶鲁大学任教并活跃在文学批评领域的几个有影响的教授,包括保尔·德曼、哈洛德·布罗姆(Harold Bloom)、杰夫里·哈特曼和希利斯·米勒。曾经有人把耶鲁大学上述4个最有名气的批评家称为"阐释学黑手党"(Hermeneutical Mafia)。

　　这种提法一方面说明了这些批评家在当时美国文坛上的巨大影响,另一方面也说明了他们不仅不为公众所欢迎,而且从一开始就遭到了敌视与误解。随后,弗兰克·兰特里夏(Frank Lentricchia)又嘲讽说,如果确实有一个黑手党,那么就应该有一个教父,这个教父可能是保尔·德曼。因为,在这个后来

又被称为"耶鲁四人帮"的批评家们当中,德曼是公认的带头人,其他3个人都在不同程度上受到他的影响。兰特里夏还特别指出,其他3位批评家无论是在谈话中,还是在文章里,每每提起保尔·德曼时,语气都非常恭敬甚至带有崇拜的意味。此外,保尔·德曼之所以被封为教父,还因为他总是给人一种真理在握的感觉,总是用一种很"酷"、很直截了当的方式说话:他从来都是三言两语、非常简单地提出自己的观点,从不费心去细致解释和论证,就好像黑社会里一贯存在的现象:头领不说话则罢,一旦说话,每句都是权威性的,只要求被执行,从不需要解释。

讽刺和挖苦的意味在这里显而易见。换言之,这个所谓的"学派"其实并不是什么"学派",而仅仅是文人之间诽谤和攻击的靶子而已。那么,究竟是否应该把保尔·德曼划归"耶鲁学派",这在美国文坛上也是一个颇有争议的问题。真正严肃认真地研究保尔·德曼文学理论思想的学者,大多认为这样一种提法根本不利于人们理解保尔·德曼。曾经编辑和出版了保尔·德曼大量学术论著的美国学者林塞·沃特斯指出:真有一个"耶鲁派"存在吗?如果这样一个学派确实存在,是否会影响我们对保尔·德曼的评

价?保尔·德曼和他的同事们之间的联系确实很紧密。他很可能把他们都推向一个特定的发展方向……但是,除此以外,耶鲁学派并不是一个统一战线,而且如果我们那样看待这些学者们,只会给我们理解他们的学术成就造成更大的困难。

鉴于此,关于所谓的"耶鲁学派",我们并不能够贸然接受,更不应把它当作某种确定的理论概念来加以研究,因为,从根本上来看,耶鲁大学的这些学者们并没有理论上的紧密关系,这个所谓的学派完全没有共同的理论基础。在"耶鲁学派"的内部,只有米勒竭力宣传他们4个人(后来

还加上德里达）是一个整体，其余的人都没有公开地承认相互之间有任何理论上的关联。布罗姆甚至还特意撰文反驳米勒的观点，强调自己的独特性和对保尔·德曼等人观点的异议。不过，"耶鲁学派"的"教父"这个提法，在某种程度上也有一点启发意义，因为它可能

从反面说明了保尔·德曼在美国文坛上曾经有过的重要地位，以及他对自己在耶鲁的同事们的学术研究的重大影响。

代表人物

保尔·德曼（Paul de Man）是当代美国最重要的文学理论家之一。他曾被认为是第一个明确地把理论观念引入文学批评的人，是美国文学批评思想史上的关键人物，而且在未来的文学批评论争中也占有重要的地位。德里达认为，保尔·德曼在当代文学批评中的贡献就在于，他充当了文学理论领域里的一个中转站，从而"使得大学内外、美国和欧洲之间的一切通道都重新畅通起来"。哈特曼把保尔·德曼的去世视为美国文坛的大"悲剧"，他对保尔·德曼的崇敬难以言表。而米勒曾经断言："假如所有的男人和女人都变成保尔·德曼所期望的那种读者，人类公正、和平的千年……就会到来。"不过，保尔·德曼确实是一个有争议的人物，他的文论作品既引发赞誉也招惹责难，而且，两者的比例基本相当。他的理论作品被描述为"不可理解""反人类的"，或者是"非政治的"。

从某种角度来看，保尔·德曼是20世纪美国文坛上遭到攻击最多的文学批评家。保尔·德曼之所以成为众矢之的，原因非常复杂，主要可以归结为三个方面。

其一,保尔·德曼自己的朋友和敌人一致把他误解为"解构主义"的旗手,而且,他还被想当然地划归为"耶鲁学派"(又被戏称为"耶鲁四人帮")的头目。在这个地位上,保尔·德曼所受到的攻击在很大的程度上其实是不公正的,因为所有自称为(或被误解为)"解构主义"和"耶鲁学派"的批评家和学者的错误都成了他的错误。

其二,保尔·德曼本人的文学批评活动主要是对其他文论家的批评活动进行再批评,他所批评的文论家中有一些人也是以文学批评本身作为自己的批评对象的,所以保尔·德曼的批评活动被讥讽为关于"批评的批评的批评"(criticism of criticism of criticism),他的许多思想观点又非常具有震撼力和"危险性",所以许多人感到不得不奋起反击。

其三,保尔·德曼个人的经历也很复杂,他在纳粹占领比利时期间,曾经为与纳粹合作的比利时《晚报》撰写过许多具有反犹太人倾向的文章,这些文章在保尔·德曼1983年去世之后被人们发现了,其时着实掀起了一股批判保尔·德曼的热潮。从这三个方面来看,其实只有第二个方面的攻击属于正常的文学批评论争,其他两个方面的攻击大多起因于政治的和帮派体系的偏见以及理论上的误解和无知。在很大程度上,这些攻击对正确地理解和研究德曼的文学批评理论构成了严重的阻碍,因此,有必要在此进行简单的梳理和解释。

解构主义

1979年,德里达以及德曼和他的同事们合作出版了《解构与批评》。在这部书里,德里达详细地解释了"解构"作为一个策略和方法的功效,所以,这部书不仅客观上加强了人们把耶鲁学者们视为一个团体的印象,而且给这个团体增添了一个新生力量——德里达,并且规定了一个特定的性质——"解构主义"。艾丽丝·卡普兰(Alice Kaplan)当年曾经是耶鲁大学的博士生,她在自己回忆录《法语课》中写道:那一年,保尔·德曼和他的几个同事一起出版了一部论文集,叫作《解构与批评》。突然,它有了名字,成了一个流派,而我们都在其中,并且有责任在餐桌上向大家解释它。从此,保尔·德曼被认为是德里达在美国的代言人,而"耶鲁学派"也被认为是所谓的"美国解构主义"。

保尔·德曼同"解构主义"的关系要更加复杂一些。一方面,保尔·德曼确实在一些学理的层面上同情德里达等人的观点,例如对文本的互文性的强调(这在某种程度上类似于对语言的重要性的强调)等;但是另一方面,保尔·德曼的许多理论观点又不是德里达等倡导"解构主义"的人所能够理解和认同的。保尔·德曼本人确实非常赞赏"解构"这个名词,他的文学批评中施行了某种揭发作品的自我颠覆的行动。他自己也承认,他确实从德里达那里引进了"解构"(deconstruction)这个词。保尔·德曼曾经在《阅读的寓言》的前言中明确断言:没有任何其他词语比这个词(解构),更简洁地说明了它所暗示的那种不可避免的评价之不可能性,无论是从积极的还是从消极的意义上对它进行评价,都是如此。……我第一次注意到"解构"这个词是在雅克·德里达的作品中……

另外,自从1966年结识德里达之后,保尔·德曼把德里达聘为客座教授并每年都邀请到耶鲁去讲学,保尔·德曼与德里达的关系之密切,也是有目共睹的。从上述种种原因来看,尽管保尔·德曼从没有用过"解构主

义"(deconstructism)这个词,他却被想当然地归到德里达所倡导的"解构主义"的阵营之中,这里面确实有一些客观原因。相反,倒是保尔·德曼的一些反对者们不主张把保尔·德曼称为"解构主义"者或后现代主义者。例如,福雷德里克·詹姆逊曾经把保尔·德曼称为"落伍的现代主义者"。他认为,在保尔·德曼这里,"一种完全自治和自我验证(self-justifying)的后现代主义作为一种意识形态最终是不可能的"。詹姆逊还认为,保尔·德曼"提出了一种垂死的现代主义的视野",所以是"一个相当落伍的人物",在他那里,"正统的现代主义价值观"的残余仍然"很强硬和喧闹"。对此,罗伯特·L.凯瑟鲁解释说,詹姆逊的意思就是,保尔·德曼代表了"现代主义依然活跃在我们后现代时期的现象"。他不仅同意詹姆逊的观点,而且还补充说,保尔·德曼所复兴的寓言概念在他看来是"现代主义颠覆故事和历史的、最落伍的和最重要的新篇章"。所以,他认为:"奇怪的是,我们居然把保尔·德曼同德里达以及解构联系了起来……"这里,我们且不去追究詹姆逊和凯瑟鲁对于保尔·德曼的指责是否准确,而只是以此来说明,他们的言论从反面证明了保尔·德曼的作品从客观上来看,确实有许多与德里达、"解构主义"和"后现代主义"等时髦的名词不相符合的东西。

保尔·德曼与德里达等人的区别主要就在于"解构"和"解构主义"之间的差异。"解构"一旦成为某种主义,它就不仅仅是一种方法,而成为一种主张和宗旨了。换言之,在保尔·德曼这里,解构作为一种有效的手段,使他得以解释许多令他困惑的难题,但是,在"解构主义"那里,它似乎成了文学批评的某种目的和意图,从而必然地被带上了虚无主义的帽子。这样一来,误解和简单化就产生了,保尔·德曼的文学批评也就因此被限制和歪曲了。如果细致地阅读保尔·德曼和德里达的文章,人们就会发现,"解构"在德里达那里是一种哲学方法,它的主要策略是颠覆经典的二元对立命题,全面移换这个系统。德里达强调的是"解构"同"破坏"(destruction)的关系。但是,德曼认为"解构"更多地揭示出了文本中存在的某种事实,至多是一种阅读的辅助方法,其目的与"破坏"相去甚远。换言之，保尔·德曼强调"解构"仅仅是一个简洁而有效的词语，而且他认为人们把它简单地视为某种否定的过程，所以大大地误解了它：

如果把（解构）这个过程纯粹地视为某种否定的过程，某种东西就被遗弃了……不难预见，解构一词已经被人们大大地误解了，被作为某种学院派的无关痛痒的游戏而遭到抛弃，或者被作为某种恐怖分子的武器而遭到谴责……

事实上，"'解构'这个词的产生还与海德格尔有关，特别是他的《康德和形而上学问题》的第二部分……"保尔·德曼对"解构"的理解其实更加接近海德格尔在其早期作品中对这个词的使用。从海德格尔的文本中可以发现，他总是同时使用"解构"和"建构"这一对词语，显然他所强调的是解构所能够释放的、为建构而准备的开放的空间和条件。

所以说，如果德里达确实提倡一种"解构主义"，保尔·德曼却并没有主动地和自愿地参与进去；而且，保尔·德曼本人在接受采访的时候也曾经明确地表示，自己同德里达是有差别的，人们确实应该把他们区分开来。他赞同沃劳德·高泽西（Wlad Godzich）和他的学生加谢（Gasche）对于他的评论："当我不使用德里达的术语的时候，德里达和我最为接近，而当

我使用德里达的术语的时候,我们两个人之间的距离最大。"保尔·德曼从没有借用过德里达的其他术语,诸如"异延"等,这似乎也可以说明他们两个人之间的重大区别。

总而言之,把保尔·德曼同"解构主义"不加任何区别地混同起来确实是一种可能对我们理解德曼造成严重误导的行为。

耶鲁小百科

耶鲁算是百分之百的贵族学校,85％的学生都来自名门望族——每年的学费近3万美元,这可不是普通家庭所能负担得起的。耶鲁还有按照社会地位而不是学业成绩给一个班的学生排名的做法。那些排名在班级最前面的学生有"身居要职"的父辈。偶尔的,高等法院法官和其他有名望公民的儿子也可以排名靠前。接下来就是牧师和校友(按照毕业时间排序)的儿子,然后依次为农民、商人、水手和工匠的儿子。据说有一年,一位鞋匠的儿子排在了前面,因为他说自己的父亲"坐在法官席上"(英文中也有"坐在长椅上"的含义,此处双关)。这种最初的排名甚至在学生抵达学校前就已经分配好了,在整个大学阶段,这个排名将决定大部分学生的地位:他们在课堂、教堂、公共食堂和毕业典礼上的座位,以及他们在毕业成绩表和毕业生目录中的排名。

第二课　校园文化

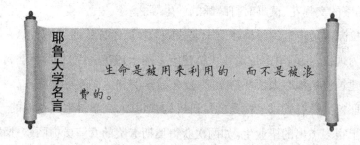

耶鲁大学名言

生命是被用来利用的，而不是被浪费的。

耶鲁大学共赞助35个校级运动队参加常春藤联赛、美东大学体育联赛、新英格兰地区校级帆船联赛。耶鲁大学还是美国NCAA（全国大学体育联盟）的一级成员。同其他的常春藤联盟成员大学一样，它并不专门给运动员提供奖学金。

它拥有大量的体育设施，包括耶鲁大球场（因其形状也被称为"耶鲁碗"，它也是美国第一座这样形制的球场），其位于沃尔特营地运动体育中心和佩恩惠特尼健身馆，是世界上第二大室内运动中心。

耶鲁大学还有一支铜管仪仗乐队，支持耶鲁的运动员。这支乐队在所有的主场美式足球赛上表演以及参加许多其他的比赛，比如，冬季有大多数的曲棍球和篮球比赛。

耶鲁大学校内运动是学生生活中的一个重要部分，也是许多历史长久的学院之争（一种友好的竞争关系）的重要部分。联赛每年共分三个赛季，包括秋季、冬季和春季，每个赛季都包括超过十种项目的比赛，其中大约一半都是男女混合参赛。每学年末，获得分数最高的学院会被授予

Tyng奖杯。

耶鲁大学的美丽校园环境甚为著名。而一些现代建筑也常被作为建筑史的典范出现在教科书中，其中包括路易斯·康设计的耶鲁大学美术馆、耶鲁大学英国艺术中心；艾罗·沙里宁设计的英戈尔斯滑冰场、以斯拉·斯泰尔斯学院和莫尔斯学院；以及由保罗·鲁道夫设计的艺术和建筑系大楼。

耶鲁大多数古建筑都为哥特式风格，多建于1917—1931年期间，由爱德华·S.哈克尼斯出资。大量的浮雕都展现了当时的大学生活：作家、运动员、喝茶的交际花、读书时打瞌睡的学生等。

校园内最古老的一栋建筑康涅狄格大厅属于佐治亚风格，但它看起来颇为现代。校园里的佐治亚风格建筑多建于1929—1933年，其他属于该风格建筑包括提摩太德怀特学院、皮尔逊学院和达文波特学院。

耶鲁大学有美国最优秀的科研机构，但其人文学科也是一流的，这里培养了很多杰出的毕业生。如两次获得奥斯卡奖的女演员梅丽尔·斯特里

普和演员保罗·纽曼，山姆·沃特斯顿和亨利·温克勒。

梅丽尔·斯特里普在新泽西州的萨默塞特郡长大，毕业于耶鲁大学戏剧学院，在这里，她有幸碰见了许多优秀教师。她曾经说过："我在耶鲁大学的三位表演老师的教学方法大相径庭，因此，我决定以自己的方式使他们融合。"

作为13次奥斯卡提奖的名人，她也曾经出演过50多部电影。比如《时尚女魔

头》和《大家来我家》，此外，还有《法国中尉的女人》《时时刻刻》《苏菲的抉择》《克莱默夫妇》，后两部电影为她赢得了奥斯卡奖。她还两次获得艾美奖以及美国电影协会颁发的终身成就奖。

耶鲁小百科

威廉·亨廷顿·罗素是美国耶鲁大学 1833 届毕业生，他后来成为康涅狄格州立法机构成员和该州国民警卫队的一位将军。在德期间，罗素结识了德国一个名叫"骷髅会"的秘密会社的头目。这个会社是欧洲 18 世纪一个臭名昭著的先知组织的魔鬼式派生物，不过该会社的宗旨、会员精神以及严格的入会条件和组织方式，给罗素留下了深刻的印象。

第三课　耶鲁大学的中国情结

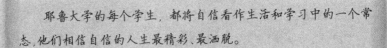

　　耶鲁大学的每个学生，都将自信看作生活和学习中的一个常态，他们相信自信的人生最精彩、最洒脱。

　　在耶鲁300周年校庆的一份宣传册中有这样一段话："200年来，耶鲁大学一直与中国保持着友好的关系，这种深厚的感情、悠久的历史，在中美文化交往中发挥了独特的作用。由耶鲁和中国共同建立的教育事业和学术成果，发挥了巨大的作用和凝聚力，它不仅丰富了耶鲁大学的全面发展，而且改变了无数校友的命运与前途。耶鲁与中国的关系，不仅是该校有史以来最早的国际性接触，在耶鲁大学将跨入第四个世纪的时刻，仍然至为重要。"

　　近代中美高等教育交往史，可以追溯到19世纪30年代，而耶鲁在其中首开先河。至19世纪90年代后期，几位耶鲁毕业生完

全出于自愿,成立了以传教、行医、办教育为目的的一个组织。该组织支持在中国办教育和学术研究,并促进美国对中国和中国人民的了解。1901年在此基础上成立了雅礼协会(Yale-ChinaAssociation)。它那崇尚道德,为团体谋福利的传统一直保持至今。20世纪80年代,耶鲁大学的研究生院、医学院、法学院及神学院的学生,仍然没有忘记将这一传统发扬光大。

100年来,它对于推动中国的英语教育、医疗教学和公共卫生等方面起到了无可比拟的作用。雅礼协会在湖南创办了湘雅医学院(湖南医科大学前身)、雅礼学院(华中师范大学前身)、雅礼中学,其创始人罗伦斯认为湖南人"将和清朝的任何人一样有影响力",他的预言在数十年后被毛泽东验证了。

20世纪初,中国的高等教育受日本影响较大,由于1872—1881年间的留美学子在"新政"中崭露头角,使清政府感到"美国学堂,结果甚善,而裨益中国良非鲜浅",因此,20世纪20年代之后,美国取代日本而成为主要影

响中国高等教育发展的国家,这对后来学生留美产生了积极的影响。

除容闳外,耶鲁大学还培养了詹天佑、马寅初、晏阳初、高尚荫、颜福庆、李继侗、杨石先、施汝为、陈嘉、王家楫、唐耀、杨遵仪、应开识等一大批中国的杰出人才。此外,在过去20年中,有将近4000名中国访问学者和学生在耶鲁学习(包括青年经济学家胡鞍钢)。目前,中国学生是耶鲁最大的外国留学生团体,以至于现任校长理查德·莱温不无感慨地说,"失去中国学生,耶鲁将黯然失色。"

耶鲁小百科

耶鲁学院是耶鲁大学本科部,实行住宿学院制,由12所学院组成。这种制度始于1933年,由一位非常赞赏牛津大学和剑桥大学类似制度的校友 EdwardS.Harkness 捐款建立。每所学院对学生都有一套完备的支持体系,包括院长(Master)、学监(Dean)、驻院学者和Fellow。每所学院都有不同的建筑风格,但都包括庭院和完备的设施。虽然每所学院都设有自己的讨论课程(但向所有学生开放通选),举办自己的社交活动和院长茶会(Master'sTea),耶鲁学生仍然积极参与全校的学习和社会活动。耶鲁大学的住宿学院都以校史中的著名人物或者校友命名,而故意避免以捐款者命名。

耶鲁大学
YE LU DA XUE

第四课　耶鲁大学名人榜——晏阳初

走近人物

晏阳初于1890年10月出生,中国平民教育家和乡村建设家。晏阳初早期开展平民教育运动时,认为中国的大患是民众的"贫、愚、弱、私"四大病,主张通过办平民学校对民众首先是农民,先教识字,再实施生计、文艺、卫生和公民"四大教育",培养知识力、生产力、强健力和团结力,以造就"新民",并主张在农村实现政治、教育、经济、自卫、卫生和礼俗"六大整体建设",从而达到强国救国的目的。著有《平民教育的真义》《农村运动的使命》等。

晏阳初在塾师兼乡医的父亲的教育下,他受到儒家文化的熏陶。谙习时势的父亲也深知"书香之外另有世界,西学乃

潮流所趋"。因此毅然将少年晏阳初送到几百里之外的基督教内地会创办的西学堂接受新学。

1913年就读于香港圣保罗书院(香港大学前身),后转美耶鲁大学,主修政治经济。1918年毕业,获学士学位。1919年入普林斯顿大学研究院,攻历史学,获硕士学位。1944—1945年,美国锡拉丘兹等三大学授予荣誉博士学位。晏阳初大学毕业后,立志献身平民教育。

1923—1949年长期担任中华平民教育促进会总会总干事。1926年在河北定县(今定州市)开始乡村平民教育实验。1940年创办中国乡村建设育才院(后名乡村建设学院)任院长。1950年离台湾赴美国。50年代以后,协助菲律宾、泰国、危地马拉、哥伦比亚及加纳等国建立乡村改造促进会。60年代在菲律宾创办国际乡村改造学院,任院长及该院理事会主席。晏阳初还曾在联合国教育、科学及文化组织担任顾问。

中国平民教育运动

1920年,晏阳初回到中国,在归国前,他立志不做官,不发财,将终身献给劳苦的大众。回国后他首先在上海基督教青年会全国协会智育部主持平民教育工作,期间编制刊行了《平民千字科》等教材。

1922年晏阳初发起全国识字运动,号召"除文盲、做新民",3月他转到湖南长沙组织平民教育讨论会,并在长沙推行他的《全城平民教育运动计划》,他将长沙分为52个单位,发动400名小学教师以游行、散发传单等方式宣传平民教育。

不久他筹资组建了200所平民学校,先后招生2500余人,在长沙实验的全国识字运动是晏阳初平民教育理论的第一次大规模实验,取得了重大的影响,青年毛泽东就曾经作为义务教员参与过晏阳初在长沙的平民教育运动,一些毛泽东研究者认为，毛正是受到晏阳初思想的影响才觉悟要以简单、务实和经济的方式真正地打到民间中去。

1923年在长沙获得成功的晏阳初来到北京，在文化名人张伯苓、蒋梦麟、陶行知以及时任北洋政府总理的熊希龄的夫人朱其慧等社会名流的支持下于3月26日组织成立中华平民教育促进会，任总干事。平教会成立后先后在华北、华中、华东、华西、华南等地开展义务扫盲活动。

随着平民教育运动的开展，晏阳初逐渐认识到中国的平民教育重点在农民的教育，平教会设立了乡村教育部，经历了两年的实地调查，平教会选择河北定县作为平民教育的实验试点。1926年晏阳初与志同道合的一批知识分子来到定县翟城村，推行他的乡村教育计划，1929年平教总会迁往定县，全力以赴地在这里开展乡村教育的实践。

晏阳初认为中国农民问题的核心是"愚贫弱私"四大病，提出以"学校式、社会式、家庭式"三大方式结合并举，"以文艺教育攻愚，以生计教育治穷，以卫生教育扶弱，以公民教育克私"四大教育连环并进的农村改造方案。

晏阳初在河北定县推行的各项平民教育活动都从农民的切身需求出发，着眼于小处：为减少通过饮用水传染的疾病，平教会指导农民修建井盖与围圈，适时消毒灭菌；训练公立师范学生与平民学校学生进行免疫接种；训练助产士代替旧式产婆，向旧式产婆普及医学常识；建立各区保健所，培训合格医生；从平民学校毕业生中培训各村诊所的护士与公共卫生护士；为村民引入优良棉花和蛋鸡品种；组织成立平民学校同学会，建立村民自治组织；改组县乡议会，改造县乡政府。

1930年代初，晏阳初在定县的乡村教育实践得到国民政府民政部次长的肯定，并决定将晏阳初的经验向全国推广，设立了乡村建设育才院，在中国各省划出一个县进行乡村教育试点，期间先后

【所获荣誉】

1945年11月13日被美国旧金山市授予"荣誉公民"称号；1967年5月2日被菲律宾总统马科斯授予最高平民奖章"金心奖章"；1987年10月15日美国总统里根在总统办公室授予晏阳初"终止饥饿终生成就奖"。

成立了定县实验县、衡山实验县、新都实验县和华西试验区等乡村教育实验区。1940年乡村教育育才院改名为乡村建设学院,晏阳初任院长。

1936年,日本对华北的侵略步伐步步逼近,晏阳初和平教总会在战争威胁下离开定县,向南撤退。

1937年晏阳初接到湖南省政府省主席何键的邀请,希望他协助动员3000万普通民众参与抗日,在任上晏阳初撤销了将近三分之二的县级官员,招募了近5000名学者和科学家参与政府工作。这是中国历史上最大规模的一次基层政治改造试验。

1945年抗日战争结束后,晏阳初曾试图游说蒋介石为乡村教育投入更多资源,但是由于国共内战的因素而遭到蒋的拒绝,在蒋介石处碰壁的晏阳初转而寻求美国的支持,他游说杜鲁门总统和美国国会议员为中国乡村教育运动提供资助。

最终美国国会通过了一条名为"晏阳初条款"的法案,法案规定须将"四亿二千万对华经援总额中须拨付不少于百分之五、不多于百分之十的额度,用于中国农村的建设与复兴"。

1949年中国共产党取得胜利,晏阳初辗转到了台湾,从此晏阳初和他的乡村教育运动在中国大陆销声匿迹。

晏阳初离开中国大陆后不久即离台赴美,在美国他协助南美、非洲和东南亚的发展中国家推进平民教育运动。

1956年在晏阳初的帮助下菲律宾建立了国际乡村改造学院,并实现了真正的民选议会。国际乡村改造学院运行至今,专门向第三世界国家推广晏阳初的平

民教育思想,协助第三世界国家培训平民教育教师。

家庭生活及晚年

1917年晏阳初在当选耶鲁华人协会会长期间,结识了纽约华人牧师许芹的女儿许雅丽。许雅丽1920年来到上海,在女子体育师范任教。

1921年9月23日,晏阳初与许雅丽结为伉俪。1980年8月8日许雅丽突发心脏病医治无效逝世。

在晏阳初的晚年,经时任全国人大常委会副委员长周谷城的邀请,他重新获得机会回到中国大陆,于1985年获准访问河北定县,会见了一些亲戚、同仁和校友,并受到了当时政协主席邓颖超的接见。1987年他再次回国访问。1990年1月17日晏阳初病逝于美国。

1993年,晏阳初的长女晏群英遵照遗嘱将他的一部分骨灰送回巴中安葬。1997年晏阳初的陵墓在巴中东郊的塔子山建成。

晏阳初的贡献与影响

晏阳初自1920年代开始致力于平民教育70余年,被誉为"世界平民教育运动之父",与陶行知先生并称"南陶北晏"。

他1920年代—1930年代在河北定县的平民教育实践为定县乃至河北留下了大量有形和无形的财产,据1980年代的统计,定州(即定县)是河北省内唯一的无文盲县。

1920年代晏阳初引入的良种、白杨等作物引入和培育的良种鸡等仍然广受当地农民的欢迎；另外1970年代普遍中华农村的"赤脚医生"以及相关的培养计划，皆承袭自晏阳初在定县的实验内容，1990年代后期在中国大陆部分农村推行的村干部直选等政治体制改革的试点，也无不是在重复当年的定县经验。

1949年国民政府迁台后，在农村建设方面大量借鉴晏阳初的定县经验，农村的进步成为日后台湾经济腾飞的重要基础。

晏阳初移民美国后，致力于向世界推广他的乡村教育理念，并担任联合国教科文组织的顾问。在他的协助下，菲律宾、加纳、哥伦比亚等欠发达国家纷纷推行类似计划。

晏阳初因其对社会底层的关心以及身体力行地深入农村开展乡村教育的行动受到广泛的尊敬，获得很多荣誉，但是在晏阳初的故乡，由于意识形态的原因，人们对晏阳初的贡献几乎一无所知。

直到1980年代之后，中国大陆的人们才开始逐渐认识晏阳初和他的平民教育理论，一些从事农村问题研究的社会学者如温铁军等将晏阳初在中国大陆中断的乡村教育运动继续下去，成立了晏阳初平民教育与乡村建设委员会、晏阳初乡村建设学院、晏阳初研究会等非政府组织。

总体而言，中国大陆的学术界和民间正在逐步重新认识晏阳初和他的教育理念。现在河北定州市仍有以晏阳初命名的中学以及晏阳初故居。

教育思想

在晏阳初看来，"民为邦本，本固邦宁"，这话虽旧，"实有至理。人民委实是国家的根本"。然而，当时中国虽号称有4万万人民，但其中80%以上是文盲。而且中国以农立国,这些"有眼不会识字的瞎民"的绝大多数是在农村。因此,为平民办教育,尤其是到乡村中去为农民办教育,"开发世界最大最富的'脑矿'",这是关系到"本固邦宁"的根本问题。

从1926年以后,晏阳初把平民教育的重点从城市转到农村,教育的对象也由城市平民变为乡村农民,心甘情愿"给乡下佬办教育"。晏阳初从事乡村教育的一个显著特点是进行实验研究。他根据中国农村社会的实际状况,主张以一个县为实验研究的基本单位。在进行广泛、深入、科学调查研究的基础上,最终选择河北省定县作为实验区。在中国乡村教育运动中,首创以一个县为基本单位从事乡村教育实验研究。

在乡村教育实践中,提出"四大教育""三大方式"。所谓"四大教育",即是文艺教育、生机教育、卫生教育和公民教育。"四大教育"的目的是为了克服当时社会存在的四大问题。其中文艺教育的目的在于培养知识力,解决"愚"的问题;生机教育的目的在于培养生产力,解决"穷"的问题;卫生教育的目的在于培养健康力,解决"弱"的问题;公民教育的目的在于培养团结力,解决"私"的问题。

推行"四大教育",必须采用"三大方式",即学校式、家庭式和社会式。晏阳初还主张要"化农民",必先"农民化"。晏阳初认为,知识分子到乡村去,为农民办教育,要"化农民",自己首先必须"农民化"。

要虚心向农民学习,"给农民作学徒";要与农民共同生活和劳动,只有在同他们广泛深入的接触中,才能真正了解他们的需要,更好地为他们服务。晏阳初的教育思想,反映了他的拳拳爱国之心,不仅在当时产生了很大社会影响,而且在当下也仍有现实意义。

晏阳初乡村建设之"道"

晏阳初是民国时期著名的教育家和社会学家,一生致力于落后地区的平民教育与乡村改造事业,被尊为"世界平民教育之父",曾被联合国聘为终身特别顾问。

1943年,晏阳初当选"世界上贡献最大、影响最广的十大名人"之一,

与爱因斯坦等同获殊荣。晏阳初曾将自己比作平民教育的传教士:"我是一个传教士,传的是平民教育,出发点是仁和爱。"

为了这一目标,他放弃都市优越的工作条件与舒适的生活环境,"走出象牙塔,跨进泥巴墙","和农民同起同居",成为一名乡村的"科学布道人"。

晏阳初从小熟读儒家经典,又接受过系统的西方现代教育。1918年,他远赴法国,任北美基督教青年会战地服务干事,在20万旅法华工中开展卓有成效的识字教育活动,使其中38%的人摘掉了文盲帽子。

回国后,晏阳初全心致力于平民教育活动,并于1923年组织成立中华平民教育促进会,担任总干事。他认为,中国平民教育的关键在乡村,而"欲化农民,须先农民化"。为此,他先后组织同人深入长沙、定县、北碚等地推进平民教育。其中,定县实验历时最长(1926—1936年)、影响最大。

在定县推行平民教育的过程中,为了更好地服务于当地农民,晏阳初于1929年毅然携年轻妻子许雅丽女士及襁褓婴儿离开北京,举家迁入偏僻艰苦的定县,"穿粗布大褂,住农民的漏雨的房子",在这里安家落户,一住就是八年。

他有一段真诚自白:"我们不愿安居太师椅上,空做误民的计划,才到

农民生活里去找问题，去解决问题，抛下东洋眼镜、西洋眼镜、都市眼镜，换上一副农夫眼镜。"按照晏阳初的说法，教育并不是高高在上的"训育"，而是"到乡间来求知道"，"努力在农村作学徒"。

在他的感召下，有部分知识分子也怀着一腔真诚，举家迁居定县，脱下西装，换上农民的粗衣布衫，长期跟农民一起生活，传播知识，形成了令人瞩目的"博士下乡"同农民为伍的亮丽风景。

在定县实验中，晏阳初逐渐形成乡村建设的整体思路。他将中国农村的问题归为"愚、穷、弱、私"四端，主张以文艺、生计、卫生、公民"四大教育"分别加以医治。在定县，"平教会"的知识分子们用农民听得懂的语言和喜欢的方式，编写了600余种平民读物；选编了包括鼓词、歌谣、谚语、故事、笑话等60万字的民间文艺资料，搜集民间实用绘画、乐谱等；组织歌咏比赛、农村剧社，举办各种文艺活动，以救农民之"愚"，培养他们的"智识力"。

他们进行农业科学研究，创办实验农场，改良猪种和鸡种，对农民进行"生计训练"，开办生计巡回训练学校，训练比较热心、能干的中青年农民"志愿者"作"示范农户"，来带领其他农户使用新技术。还组织农民自助社、合作社、合作社联合会，开展信用、购买、生产、运输方面的经济活动，以治农民之"贫"，培养他们的"生产力"。

他们实施卫生教育，普及卫生知识，培养卫生习惯，还创建农村三级医药卫生制度，村设保健员，联村设保健所，县设保健院，以救农民之"弱"，培养他们的"强健力"。他们对农民进行公民教育，以救农民之"私"，

养成他们的公共意识与合作精神。

晏阳初对于农民的公民教育特别重视，指出："假使农民的知识已经培养起来了，生产技术也改良了，科学化了，体格也强健了，要是没有团结力，所谓民力培养，完全失去目的，也是枉然！"他将公民教育作为平民教育的中心，创立了一套提高民族自觉心的"组织教育"的方法，如将历史人物的故事汇编成小册子发给村民读，通过岳飞等农民耳熟能详的人物故事培养他们的民族意识；让农民在平民学校里接受简单的教育后，发动他们组织同学会，使中国农民第一次有了自发组织的社区生活，后来这些同学会成了晏阳初对农村进行民主改造的基础。

与此同时，晏阳初还在定县领导建立了乡县议会组织，通过招募一些积极热心的人组建公民服务团，让农民进入乡镇的公民大会，或县、镇里的管理委员会以及农村改造委员会，通过介入公共管理培养他们的公共意识。

"科学布道"过程中，晏阳初最大的创造，是将平民教育与乡村改造紧密结合、整体推进。晏阳初认为，平民教育的目标是适应实际生活，改良实际生活，创造实际生活，实现民族再造。

所以，在农村办平民教育，如果仅仅教农民识字和掌握一些技能，而不教会他们运用这些技能进行乡村建设是毫无助益的："不谋建设的教育，是会落空的，是无补于目前中国农村社会的"。

为了进行乡村建设，晏阳初进行了三项重要的工作，一是加强农村教育，送知识下乡，通过传播农业基础知识、改良作物品种、防治病虫害等举措，"使农业科学深入民间"；晏阳初深知要提高农民的素质，就必须使"农民科学化"，要使农民科学化，就必须使"科学简单化"。

　　为了改善定县农民的经济生活，晏阳初领导的平教会做了很多细致的工作，比如改良棉花的选种、提高母鸡的产蛋率等。二是进行农民教育的研究与调查。晏阳初反对"为教育而教育"，主张知识分子要"从农民生活中找材料"，和农民生活、劳动在一起，研究他们受教育的状况，根据他们的需要编写适用的教材，使教育的结果成为乡村建设的力量，推进和促进新民社会的实现。三是进行农村普查工作，先后完成了农村的社会调查、工业调查、农村人口调查、农村概况调查等，为乡村建设的展开做了较为充分的准备。

　　定县改造是晏阳初为了推进全国性的平民教育和社会改进运动做的重点试验，取得了较好的社会效果。

　　在乡村自治的基础上，定县在中国第一个实现了"宪政精神"框架下的县级自治，推而广之，河北省也成为"自治"模范省。作为一个可以推广、可以复制的模型，定县模式对当时其他地方的乡村建设起了示范作用。

　　据1980年代初河北省的调查材料，由于平教会的工作，定县在抗战爆发前已成为无文盲县，消灭了天花；而平教会当年引进的良种猪、优质白杨和良种苹果，现在依然享誉河北，致富于民。

　　晏阳初常说，"三C"影响了我一生。他说的"三C"，就是孔子（Contucius）、基督（Christ）和苦力（Coolies）。具体来说，就是来自中国古代的传统儒家民本思想，来自西方的基督教精神和来自基层的民间疾苦和民众智能。

他告诫世人说:"世界最基本的要素是什么? 是黄金还是钢铁? 都不是,最基本的要素是人民! 在谈及一个更好的世界时,我们的确是需要素质更好的人民。"晏阳初很早就许下诺言:"不做官,不发财,把我的终身献给劳苦的大众。"观其一生,信然。

耶鲁小百科

　　自 1990 年起,耶鲁开始大规模的翻新老旧的住宿学院建筑。Berkeley College 是第一个结束翻新的,最近一个完成翻新的是在 2006 年 9 月重新投入使用的 Trumbull College。翻新的住宿学院保持了设计者的初衷,维持了历史感,但更新的设施使其更舒适、更符合现代居住规范。20 世纪 60 年代到 70 年代,耶鲁大学曾计划建立第十三个学院,但后来由于多方的压力并没有实现。

第四章　耶鲁大学的素质教育

在世界著名高等学府中，耶鲁大学的素质教育被公认为是成功的。耶鲁大学能够广受称赞，这不是偶然的现象，而是它一贯执行高质量的择生标准和始终秉承先进的教育理念的必然结果。

第一课　耶鲁大学的择生标准

> 大多数留学美国的学子,他们的最佳选择是耶鲁大学。

作为世界顶级名校的耶鲁大学是很多中国学子留学美国的Dream-School,对于打算留学美国申请美国大学的学生来说,能申请到耶鲁大学绝对是对自己能力的最终肯定。然而,耶鲁大学是如何从每年芸芸众生的申请者中挑选研究生的,或者说,什么样的申请者,才能从每年上百份的申请材料中脱颖而出呢?

耶鲁大学地质暨地球物理系教授在一定程度上透露的耶鲁大学的招生偏好及招生准备,对于留学美国申请耶鲁大学的学生来说,可以参考一下。

第一阶段:申请分等级

我任教的耶鲁大学地质与地球物理学系每年收到100到180份入学申请,从中选取10至15人发出入学许可。我们审查委员会首先根据学生的学业成绩、修习科目、介绍信、自传、GRE、TOEFL分数、研究成果(学士、硕士论文)等将学生分成上、中、下三等,提报教授会议,教授们就个人的专业范畴对个别的学生可以更改评监的级别或从中等"解救"到上等,或从上

等降级，之后，我们再把上等生根据其研究兴趣分到本系的四个学术分科里去，再逐一讨论，评定名次，各组的前四人列入"够格"的候选名单，这是第一阶段。

这第一阶段的选拔根据一些比较硬性的标准，譬如说外籍学生TOEFL在580分以下不予考虑、基本学门训练不足者剔除、中国学生GRE数学性向在95%以下，语文性向400分以下出局。

第二阶段：实际因素需考虑教授需求

第二阶段则考虑到一些实际性的因素，譬如说甲教授指导学生人数已经太多，不堪负载，即使有很好的学生只好割爱；又如助教的搭配，能说流利英语的学生受到重点照顾，例如，乙教授有重大研究计划，经费设备一应俱全，只欠学生，则有这方面研究经验或兴趣的学生可得到拔擢。因此第二阶段中，"人治"的因素大增，个别教授的保荐与偏爱往往能使排名在后的优等生雀屏中选。

总结来说，基本的成绩首先要够一定水准，然后个别的研究兴趣与经验，及教授的研究经费及学生结构等"人事"性的考虑，则成为最后决定因素。一般而言，有研究经验及文章发表的学生往往能在最后一关脱颖而出。

申请千篇一律，成败在个人能力。

我们招收的中国籍（大陆、台湾）学生通常在国内多半已有硕士学位或已是研究生，多数并有文章发表，若是大学毕业生则必然是全A学生，TOEFL和GRE成绩领袖群伦者。中国学生的介绍信往往千篇一律，好话连篇，而写信的教授素不相识，因此介绍信的推荐分量往往不如美国学生。此时，学生本人的研究自述变得非常重要，成为我们认识学生的知识、文笔、情操、兴趣、动机的主要根据。

我们认为，事在人为。聪明能干、自动自发地学生是我们的最爱。一方面，这样的学生能自己开创，创造形势，化不可能为可能，成为有原创力的研究伙伴，自行整合校园乃至校外的研究资源，开发研究经费及课题；另一方面，这样的学生能青出于蓝而胜于蓝；在学期间老师有教学相长的收获；毕业以后，光照学界，老师与有荣焉。

由此可见，耶鲁大学的招生标准既严格又灵活。严格的是申请者的硬件成绩，成绩达标是耶鲁大学招收的基本标准，不合格者一律淘汰。而宽松灵活的是教授的喜好和研究领域。

耶鲁大学已经进入了她的第四个世纪，她的教育目标是要成为一所真正意义上的全世界的大学，她所要培养的学生是要成为领袖式的人物，不仅仅要把美国智识的前沿、更要把全世界智识的前沿推向前进。

耶鲁对于来自全世界的申请者所开出的申请条件都是一样的，申请人无论出身贫富贵贱，只要足够优秀，都可以拿到耶鲁大学的丰厚奖学金。耶鲁大学最引以为傲的就是对于创造公平机会的投入。那么她喜欢什么样的学生呢？

衡量申请者是否具备学术方面的优势是耶鲁大学考量本科申请者的首要因素。

耶鲁大学首先会审核申请者的平日成绩、标准化考试成绩以及来自你的School Counselor、两位任课老师的推荐信的评价,综合起来考察你的学术方面的优势;其次,评审委员会会考虑学生其他方面的素养,例如:是否具备强烈的学习动机,是否具备学术的好奇心,是否具备充沛的活力,是否拥有领导力,是否具备区别于他人的天赋。

耶鲁小百科

　　纽黑文为耶鲁大学的学生提供了许多娱乐和学习的机会:耶鲁大学有多个实习项目,与纽黑文市政厅和其他机构保持关系。耶鲁处于纽黑文的中心,周围有各种俱乐部、电影院、剧场、和大小食肆。同时耶鲁的良好声誉也为纽黑文带来了丰富的文化生活。例如耶鲁大学剧场历来都是百老汇剧目的试演场,导演往往在首演翌日非常关注耶鲁每日新闻所刊登的学生评论。纽黑文在过去的几十年间经历了重大的经济发展,使其成了一个重要的文化中心和旅游中心。在过去的 20 年间,许多科技和生化公司及耶鲁投资的其他产业给纽黑文带来了新的面貌。2003 年,纽黑文市被选为 All-America City,以表彰其悠久的殖民时期建筑风貌和作为世界一流大学的耶鲁。

　　耶鲁大学现任校长理查德·C.莱文曾作出这样的评价"纽黑文是一个伟大的城市,有丰富的建筑、音乐、戏剧、博物馆、餐厅和公园,有多元化的居民和环境,大而温馨,小而有趣。"

第二课　耶鲁大学的教育理念

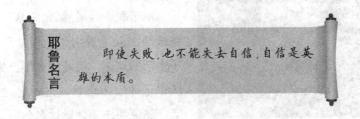

耶鲁名言

即使失败,也不能失去自信,自信是英雄的本质。

　　在耶鲁大学的教育理念中,这句格言几乎成了座右铭。耶鲁人相信,失去自信才是人生最大的损失,除此之外,即使是失败,也不能将一个人打倒。生活中,不是因为有些事情难以做到,我们才失去自信,而是因为我们失去了自信,有些事情才显得难以做到。

　　一个人有了信心,就能产生一种不达目标誓不罢休的勇气与毅力,有了这种勇气和毅力,任何事情都不再是无法完成的。自信的人,豁达坦然,在名利面前岿然不动,在权势面前昂首挺胸。自信心是一个人办成一件事情的前提,也是成就大事的重要因素。

　　奥格斯特·冯·史勒格说过:"在真实的生命里,每桩伟业都由信心开始,并由信心跨出第一步。"人,只有拥有了自信,才能自强不息,才能使人为自己的愿望或理想而努力奋斗。只有自信,才可以使人在艰难的事业中保持必胜的信念,才能使人有勇气攀登科学高峰。

　　自信的人,能够保持精力旺盛,性情开朗,性格活泼,兴趣广泛,好奇心强;遇到问题,自己解决不了,能够积极地向别人请教,共同商讨,这样

有利于少走弯路，取得成功。所以，如果你想让自己的人生多姿多彩，让自己的人生一片绚烂，那么千万不要丢掉自信心。

女画家的工作室的外面，长久以来一直都有一个乞丐在行乞。每天早上画家到工作室的时候，都会给那名乞丐一枚硬币，就这样，几年过去了，乞丐依然在行乞。

出于职业的敏感，画家从乞丐那张沧桑的脸上看出了乞丐早已屈服于生活的压力，灵魂深处早已绝望，所以他才安于现状，过着乞讨的生活。画家决定要帮助这名乞丐，让他重拾生活的信心。

这一天，画家告诉乞丐，自己要用他作为模特创作一幅画，可以付给他100美元的报酬。乞丐自然答应了。画家在创作这幅画的时候，没有拘泥于形似，而是做了几处重要的改动。他在乞丐那混浊的眼神中加了几笔，不仅让乞丐的双眸闪动着光芒，而且透露出追逐梦想的坚定、执着与信心。画家还将乞丐的脸庞做了修整，这让乞丐整个人看起来神采奕奕，且具有钢铁般的意志和决心。

当画家把这幅画拿给乞丐看的时候，乞丐震惊了，他疑惑地问画家："这是我吗？"画家说："是的，这就是你，是我眼中的你。"乞丐似乎明白了画家的用意，于是他对画家说："是的，是我，但不是现在的我，而是将来的我。"说完，乞丐挺直了腰杆，大踏步地离去。

自信心是前进的动力，是成功的要素。它使人坚定对理想的信仰，使人产生巨大的毅力，去克服任何难以想象的困难。

镭的发现者居里夫人，当初穿着沾满灰尘的油污的工作服，翻动矿石,搅动冶锅,从堆积如山的铀沥青中寻觅镭的踪迹时,条件非常艰苦,但她却信心百倍,毫不动摇。成功之后她对她的朋友们说:"无论做什么事情,我们都应该有恒心,尤其是自信心。"

由此可见,事业上的成功固然由多种因素促成,但自信心是成功者必备的条件。如果缺乏自信心,我们会放弃争取自己的美好理想,这会使我们一生浑浑噩噩,碌碌无为。我们如果缺乏要干成一番事业的自信心,通向成功之路的航船就会在沙滩搁浅,终生也托不起成功的巨轮。因为自卑者总是会轻视自己,以为自己这也不行,那也不行,把成功的金字塔看得神乎其神。这样就难免束缚了自己的手脚,不敢大胆地设想、努力进取、奋起直追,而是自甘落后,庸庸碌碌,以致自暴自弃,一事无成。

成功的人都是极其自信的人,有了信心,就有前进的勇气与力量,就有了奋斗的动力,从而能克服重重困难,战胜失败与挫折,最终达到成功的彼岸。

人生的道路上,我们要时刻树立信心,要正确评价自己,不要贬低自

己。只有相信自己，人生旅途才会最美好。只有珍惜自己，不在意他人的看法、他人的说法，先相信自己，然后别人才会相信你。只有时时相信自己是最棒的，是他人无与伦比的佼佼者，才能一往无前地挑战人生的新高度。

失败并不可怕，最可怕的是失败之后就永远丧失了自信，最终一败涂地。即使失败了，只要不丧失自信，就能够激发我们的潜能，让自己取得最终的成功。阿基米德曾经说过："给我一个支点，我就能够撬动地球。"这是多么豪迈而自信的语言。自信，能够唤醒沉睡的潜能。

信心和能力通常是齐头并进的。自信是我们战胜困难、取得成功的重要动力，自信是成功的助燃剂，自信多一分，我们成功的可能就会多十分。永远不要被自己的缺点所迷惑，心存疑惑，就会失败；相信胜利，必定成功。相信自己能移山的人，会成就事业，认为自己不能的人，一辈子一事无成。

成功学的创始人拿破仑·希尔说："自信，是人类运用和驾驭宇宙无穷大智的唯一管道，是所有'奇迹'的根基，是所有科学法则无法分析的玄妙神迹的发源地。"奥里森·马登也说过这样一段耐人寻味的话："如果我们

分析一下那些卓越人物的人格特质，就会看到他们有一个共同的特点：他们在开始做事前，总是充分相信自己的能力，排除一切艰难险阻，直到胜利！"

英国前首相撒切尔夫人是一个充满自信的人，曾在国际政治舞台上叱咤风云，曾被人们尊称为"铁娘子"。当撒切尔还是一个小女孩时，她就是个充满自信的孩子。她所在的学校经常请人来学校演讲，每次演讲结束，她总是第一个站起来大胆提问，而同龄的女孩往往怯生生地不敢开口，她们只会面面相觑或者抬眼看天花板。

有一次听到别人议论："女人怎么能执政！"她立即站出来自信地说："我不仅要当英国的第一个女议员，还要当英国第一位女首相！"后来，当她与石油大亨撒切尔喜结连理时，她又对记者说："今天，人们知道撒切尔夫人是因为撒切尔，明天，人们将因为撒切尔夫人而知道撒切尔！"这是何等的自信，何等的气魄。1979年5月4日，撒切尔夫人入主唐宁街，成为英国第一位女首相。她担任首相11年，成为英国最有权势的女人。

征服畏惧、征服自卑，信心的力量惊人，它可以改变恶劣的现状，促成令人难以相信的圆满结局。充满信心的人永远不会被击倒，他们是人生的胜利者。成功者就是那些拥有自信的普通人，自信让他们无论在什么时候都勇于开拓自己的人生，最终战胜他人、战胜自我，赢得辉煌的人生。

美国作家爱默生曾说过："自信是成功的第一秘诀。"自信是对自我能力和自我价值的一种肯定。促使成功的个人品质当中，自信是首要因素，有自信，才会有成功。人生的路曲折而漫长，只要你迈步，困难和挫折就不可避免。这时，如果有自信作为忠实的伙伴和朋友，便能不再畏惧风雨的肆虐，从重重困境中奋起；只要有了信心，便能勇敢地走出苦涩与沉重，发觉生活原本是那样美好；只要有了信心，纵使眼前的天空一片阴霾，也能微笑着坦然地面对。

每个人都祈求成功，但是最终只有对自己充满自信的人，才能有幸到达成功的彼岸。没有自信，毛泽东不可能写出"到中流击水，浪遏飞舟"的豪迈诗句；没有自信，罗斯福不可能以残疾之躯，带领美国人民走出"大萧条"的阴影；没有自信，许海峰不可能在奥运会上一枪打出中国人的荣耀……

即使你处境不利，遇事不顺，但只要你赖以自信的巨大潜能和独特个性及优势依然存在，你就可以坚信：我能行，我能成功。一个人在自己的生活经历中，在自己所处的社会境遇中，能否真正认识自我、肯定自我，如何达到真正的自信状态，如何

> 一个人绝对不可在遇到危险的威胁时，背过身去试图逃避。若是这样做，只会使危险加倍。但是如果立刻面对它毫不退缩，危险便会减半。决不要逃避任何事物，决不！
> ——前英国首相、政治家温斯顿·丘吉尔

塑造自我形象,如何把握自我发展,如何抉择积极或消极的自我意识,将在很大程度上影响或决定着一个人的前程与命运。而自信也是耶鲁大学想要和学生探讨,并且想要传递给学生的信念。

换句话说,你可能渺小而平庸,也可能美好而杰出,这在很大程度上取决于你的自我意识究竟如何,取决于你是否能够拥有真正的自信。耶鲁人相信,拥有自信的态度,你就是一座金矿,一定能够在自己的人生中展出现应有的风采。

当我们看到自己在相关领域掌握了某种技巧,并且能够运用掌握的东西达到目标时,我们就能从中获得自我满足的感觉,这就是自信。它使我们在一个特殊领域里不断地学习,并取得成功;它能够引导我们勇于接受困难的挑战,并且在挫折面前坚持不懈,努力奋进;它是一种在经受磨炼的过程中不断强大的习惯,它使我们从容、镇定、胸有成竹,给他人一种可以信赖的安全感。

我们只要拥有自信,相信自己能够将事情做好,把问题处理好,我们就可以真的变得了不起。面对工作和生活中的各种问题,我们应该具有深厚而健全的自信心,学会实际地、非自大狂地相信自己。俗话说:精诚所

至,金石为开。信念是我们一切行动的原动力。一定要相信自己身体里和内心中蕴含的力量,然后努力,再努力。

在耶鲁大学的理念中,自信已经不仅仅是自我相信,它代表着更深层次的意志和理念,能够从很多层面让一个人变得更加优秀。

耶鲁小百科

　　在美丽的耶鲁大学校园内,有一幢希腊神庙式的小楼,几扇狭长小窗终年紧闭,整幢建筑笼罩着一种神秘色彩,这个并不起眼的建筑就是美国最神秘也是最有权势的同学会所在地。这里从不对外人开放,始终保持着自己特立独行的诡异色彩和精英风格,而且它还有一个令人不寒而栗的名字叫"骷髅会"。骷髅会有着极其神秘的入会规则,更令人望而生畏的是它的会员名单,从这个骷髅会里走出了3位美国总统、2位最高法院大法官,还有无数美国议员以及内阁高官。经过172年的繁衍生息,从美国白宫、国会、内阁各部、最高法院以至于中央情报局,骷髅会的成员几乎无所不在。

第三课 自由的教育理念成就耶鲁大学

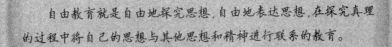

　　自由教育就是自由地探究思想,自由地表达思想,在探究真理的过程中将自己的思想与其他思想和精神进行联系的教育。

　　世界一流大学发展的历史经验表明,要成为一流大学,必须具有独特的办学特色和理念。在这方面,世界著名的耶鲁大学为我们树立了榜样。耶鲁大学在其长达300余年的发展历程中,始终恪守自由教育的办学理念,注重本科教育,强调学院生活,以培养各行各业的领导者和有思想的公民为目标,自由教育的办学理念成就了耶鲁大学世界一流大学的领先地位。

一、自由教育的内涵、作用与目的

　　耶鲁大学前校长A.巴特利特·吉亚迈蒂曾对自由教育进行了界定,他认为:"自由教育的根本意义来自liberal一词的词根是liber——自由的意思,自由教育就是自由地探究思想,自由地表达思想,在探究真理的过程中将自己的思想与其他思想和精神进行联系的教育。自由教育的目的是培养深谋远虑、灵活运用知识、意志坚定、心胸开阔的人;培养对新事物反应敏锐、对使人类进化的传统价值负责的人。"

"自由教育教会我们用理智的判断和仁慈来对待不同的事物和新事物。自由教育是为自由的教育,自由地主张自由的思想,并使所珍爱的思想保持常新的自由。"他认为,自由教育与那些政治设计者们所标榜的自由和保守的思想是毫不相干的。

自由教育既不是灌输特定的宗教规则和正统政治思想的教育,也不是为立即从事一项职业做准备的教育。耶鲁学院所开展的教育就是纽曼思想中的那种"自由"教育。就像纽曼所强调的,自由教育不是根据所学习的课程内容或主题而定义的。

吉亚迈蒂认为,将自由教育与所谓的文理课程或人文学科等同起来是一个错误的认识。对文理课程或人文学科的学习并不就是自由教育,除非一个人以纽曼所强调的不追求即时结果、独立于职业效用的精神学习这些课程。

他认为,自由教育是根据头脑对于所探索和生产的知识的态度来界定的。当你因受到经验的启发进行思考而获得知识时,这种自由教育就发生了。在耶鲁学院,这种自由教育体现为物理学、法语、激光、文学、社会科学、人体和生命科学、艺术和人文科学等学科的教育。自由教育是建立在这样一种假定之上的;对知识本身的追求促进了人性的发展,思想的发展和思维力的提高扩展了人类生活的范围,增加了生活的乐趣,提升了生活的价值。

关于自由教育的作用,耶鲁前校长小贝诺·施密德特认为:"自由教育解放了人的个性,培养了人独立自主的精神,它同时也增强了人的集体主义精神,使人更乐意与他人合作,更易于与他人心息相通。"他说,"我们用人文科学去教育人们渴求知识的感人价值在于我们坚信知识是工具,是力量,最重要的是它本身有价值。"施密德特坚持自由教

【"自由教育"的目标】

自由教育的目的是培养深谋远虑、灵活运用知识、意志坚定、心胸开阔的人;培养对新事物反应敏锐、对使人类进化的传统价值负责的人。自由教育教会人们用理智的判断和仁慈来对待不同的事物和新事物。自由教育是为自由的教育,自由地主张自由的思想,并使所珍爱的思想保持常新的自由。

育要为社会服务,他认为名牌大学的学院教育不是为了求职,而是为了生活。

二、《1828年耶鲁报告》——对自由教育的捍卫

耶鲁自成立以来就以自由教育为理念,以培养领袖为宗旨,到19世纪20年代学生所学的全部课程均为必修课,所设课程以古典课程为核心。但是,19世纪上半叶是美国产业革命的时代,社会的发展和急遽变革深深地震撼了校园,文理教育的传统观念受到了强烈的挑战。改革者希望在传统的文理教育中增加英语、现代外国语言和新科学等课程内容。

针对外界对传统文理课程的质疑,1827年9月,耶鲁董事会任命了一个由州长、校长和其他成员组成的委员会对古典课程和现代课程之间的争论进行专门研究。委员会建议对文理教育的目的进行更加广泛的探究,并于1828年发表了一份报告,这就是对美国高等教育产生了长远影响的《1828年耶鲁报告》。

《耶鲁报告》对自由教育的目的进行了明确界定,认为自由教育的目

的是训练和武装(学生的)头脑,扩大头脑的能力和给头脑储存知识,并为古典课程适合于自由教育的目的进行辩护。以杰莱米·戴校长为首的委员会反对对课程进行削减,反对课程更加强调实用性,反对取消"死语言"的学习,反对耶鲁学院模仿欧洲大学的模式。戴校长认为,大学毕业才仅仅是一个人教育

> **【自由教育的影响】**
> 耶鲁前校长小贝诺·施密德特认为,自由教育解放了人的个性,培养了人独立自主的精神,它同时也增强了人的集体主义精神,使人更乐意与他人合作,更易于与他人心灵相通。

的开始而不是结束,大学教育仅仅是打下了一个基础。

《耶鲁报告》标志着一个真正的转折点。自1828年以后,耶鲁每一位新校长上任都会重申自由教育的理念,在耶鲁历史上每一个重大变化的关头,都会挺身而出,坚定地捍卫自由教育。

19世纪70年代,在哈佛大力推进选修课进而威胁到自由教育时,波特校长著文指出,学院的职责是培养最高的智力和成就,在学院中"两个原则不容置疑:高等教育的目标应该是智力培养而非知识获取,应该尊重长远利益而非眼前的结果"。

他反对学生自由选课,认为许多学生还不成熟,不能在学习上作出自己的选择。1941年,就在美国即将卷入第二次世界大战之时,西摩尔校长在年度报告中还不忘强调自由教育的重要性,他指出,必须保护自由科目"否则的话将不会有助于我们打赢这场战争,因为我们会失去对于国家灵魂不可或缺的价值"。

战后,格里斯沃尔德校长于1955年重申耶鲁加强和支持自由教育的决心,他把自由教育视作"高等教育之源"。他说:"如果将自由教育的目的用一句话来概括,那就是,自由教育能够最大限度地扩展个体进行自我教育,在他所从事的每件事中寻找和发现意义、真理和快乐的能力和要求。"

在当代美国社会极度商业化,市场价值弥漫到校园,自由教育受到威胁之时,吉亚迈蒂校长适应时代的要求,重新界定自由教育,在1984年对毕业生讲话时指出:"自由教育不是一种不现实的教育,它是一种自我塑

造的紧张的实际行动……这种自我塑造的更大目标是学会如何从自我中走出来，实现自我，超越自我，走向他人，从而塑造一个国家，使自己的国人生活得更美好。"

三、自由教育理念的实现途径

本科生教学是耶鲁大学的中心工作，这也是耶鲁大学一贯坚持的传统。本科教育在耶鲁大学占有重要地位与其自由教育的理念密切相关，其核心是人文教育，通过培养学生的批判性和独立性思维的能力，为学生打下终身学习的基础。

耶鲁大学的本科教育主要在耶鲁学院进行，该学院是耶鲁大学的核心。耶鲁尤其钟爱传统的古典课程，对选修制进行抵制。耶鲁大学能够追求自由文化的价值不仅是因为它长期反对功利的和科学的价值，而且还因为它一直把谢菲尔德科学学院作为一个"安全阀"。耶鲁学院认为，那些愿意学习有用的知识或科学知识的人可以到谢菲尔德科学学院学习。

　　耶鲁的教育理论是基于这样的理念:旧时代(中世纪)的课程是年轻人未来生活最好的基础。传统课程强调纪律和训练甚于知识的掌握。耶鲁学院的教学是建立在假设基础之上的，这种假设认为学院教育的更好部分是对良好行为习惯的培养:礼拜和虔诚的习惯;勤勉学习的习惯;良好的品行和行为习惯;举止端庄和富有男子汉气概的行为习惯等。

　　纪律是整个行为习惯养成的关键，班级中产生的凝聚力受到高度评价。耶鲁学院通过对传统课程进行干预，让想学其他实用知识的学生到谢菲尔德科学学院学习的方式使传统课程受到保护。

　　耶鲁学院的课程长期以来以古典课程为主,课程都是严格固定的,学生没有选择的余地,强调记忆和背诵,一切都由老师按统一的步调按部就班地进行。但是,现在耶鲁的课程已经发生了很大变化,课程由专业课和通选课组成,实行学分制。教师鼓励学生独立思考,在课堂上、作业和考试中表达自己的见解和观点。

　　分享式研讨会是耶鲁学院教学的基本组成部分,小型"习明纳"的目的是让学生在面对那些不同意其观点的教授和同学时阐明他们的观点并为自己辩护。这种形式迫使学生通过问题进行推理和批判思维,而不仅仅是重复老师告诉他的知识或自己阅读的知识。这些"习明纳"通常伴随深度研究和作业,要求学生进行独立研究并撰写论文。

　　在本科生的许多讲授课中也有某种形式的讨论，参加这些讨论的人数相对较少,主要强调交流观点和发展分析技能而不是记忆和背诵。老师们还通过布置写作任务和考试的形式鼓励学生进行批判思维。

　　学生现在从课程中获得的不仅仅是事实、数据和已经广泛接受的理论,而是一种思维方式——利用事实和数据来支持一种观点、通过批判分析用一种理论来推翻另一种理论的能力。

　　耶鲁的特色在于它坚持文理学院的教授定期教授本科生,希望通过本科教学,由精于教学的有名望的学者所树立的榜样创造一个

【教育理念】
　　耶鲁的教育理论是基于这样的理念:旧时代(中世纪)的课程是年轻人未来生活最好的基础。传统课程强调纪律和训练甚于知识的掌握。

有利于教学的环境，同时耶鲁本科生的优秀和认真又回报教师的努力进一步保证了本科教育。

耶鲁在20世纪30年代规模较快扩张时，仿效英国牛津大学建立了住宿学院。尽管这些学院在教育方面的作用并不重要，但在社会化和非正式教育方面这些学院还是非常成功的。住宿学院开始打破教师与学生之间古老的樊篱，耶鲁学院、谢菲尔德科学学院和工程学院的学生相互交流相处，消除了本科生之间传统的界线。

学院代表队的成立激发了大批学生对各种体育运动的积极参与。学院报纸、兴趣俱乐部、特殊班级、唱歌和戏剧小组也相继产生。通过住宿学院耶鲁重新恢复了古老的小学院的密切关系，同时维持了学校的大规模。

耶鲁现有12所住宿学院，每所学院由来自不同院系和不同专业的400至450名学生组成。每所学院有一位院长、舍监和若干位住院教授，负责指导学生的生活和学术活动。由于每个住宿学院包括不同背景和兴趣的本科生，所以它使耶鲁避免了其他许多学校出现的社会分裂现象。

住宿学院为学生提供一个同伴社区，学生在其中居住、进餐、社交以及从事多种多样的学术和课外活动。学院有自己的饭厅、图书馆、讨论课教室和娱乐室。每所学院有自己的报纸、运动队、兴趣俱乐部、戏剧组、歌咏队和特殊班。住宿学院之间的体育竞赛是大学的大事，在竞赛中培养美国人引以为豪的竞争精神和团队精神。

住宿学院1968年开始开设讨论课，这些讨论课促进了教师和学生之间的对话，培养了学生的兴趣，陶冶了学生的情操。耶鲁大学要求大学一、二年级学生必须在住宿学院生活和学习，在三、四年级可由学生选择。但实际上，80%以上的学生仍然选择留在他们的住宿学院中。耶鲁的住宿学院成为自由教育的重要场所,耶鲁学生的精神家园,美国未来领袖的诞生地。

四、自由教育的培养目标——领导者

在21世纪即将到来之际,耶鲁大学现任校长理查德·C.列文在面向全校发表的题为"为耶鲁的第四个世纪而准备"的演说中指出了耶鲁与其他研究型大学不一样的两条公认理念:一是保证本科教育,二是注重培养领导者。

耶鲁大学1701年的《宪章》指出,学院的任务是教育年轻人,使其"适应教堂和国内各州的公共工作"。从一开始,耶鲁就在探索培养那些具有领导者潜力的人。

美国最近的五位总统中有三位拥有耶鲁的学位:耶鲁培养的美国主要公司领导比其他任何大学都多;从科勒·波尔特到马雅·林,几乎没有哪所学校在培养著名艺术家、戏剧家和音乐家方面能与耶鲁相比。

耶鲁的校友曾担任过普林斯顿大学、哥伦比亚大学、威廉姆斯大学、康奈尔大学、约翰·霍普金斯大学、芝加哥大学、佐治亚大学、密苏里大学、威斯康星大学和加州大学的第一任校长;耶鲁在法律、医学、自然科学和宗教方面的业绩也并不逊于在政治、商业、艺术和教育方面的业绩。

耶鲁大学培养领导者的教育目标与其始终坚持的自由教育的理念是一脉相承的。要成为具有影响力的领导者,必须具有远见卓识、冷静稳重的性格、丰富的判断力和理解力、开阔的心胸以及独立而批判的思维能力。而耶鲁大学的自由教育正是要培养具有以上性格品质的人才。

不管外界发生什么变革,耶鲁大学的办学者们一直坚持自己的价值观:传承和发展知识,保护自由探究和言论自由,培养领导者和有思想的公民,开发人类的潜能,为周围的世界提供实现人类进步的机会。

【培养目标】

领导者耶鲁大学1701年的《宪章》指出,学院的任务是教育年轻人,使"其适应教堂和国内各州的公共工作"。从一开始,耶鲁就在探索培养那些具有领导者潜力的人。

在培养领导者和有思想的公民的过程中，耶鲁大学本身也逐渐成为美国和世界高等教育的领导者，形成了领导者的非凡气度。它沉着稳重、卓尔不群、目标高远，其重价值轻应用、视学术自由为其生命的性格和品质都是值得我们学习和借鉴的榜样。

在全球化浪潮奔涌而来、高等教育面向社会开放办学的今天，耶鲁大学的自由教育理念显得既保守而特立独行，又难能可贵。在其300多年的发展历程中，虽然外界环境发生了天翻地覆的变革，耶鲁大学却始终如一、毫不动摇地坚守自己的办学理念，而不为外界的诱惑所动，这种执着的精神值得我们好好思考。

当前，我国掀起了一股建设一流大学的热潮，但现实和理想毕竟还有很长的距离，一流大学不是短时间可以企及的，其中办学理念的确立和培育显得极为重要。在充满喧嚣和浮躁的大环境中，作为"社会心灵的守望者"和时代引领者的现代大学尤其应保持审慎而冷静的头脑，对自己的办学理念、办学目的和发展战略进行客观、合理地定位，而不能盲目从众，丧失个性，迷失自我。

耶鲁小百科

耶鲁大学的吉祥物是被称为"HandsomeDan"的牛头犬，作为一种凶猛的猎犬，它代表了学校的体育精神。通常在重大的体育比赛上 HandsomeDan 都会出现在赛场，尤其是在每年著名的"耶鲁—哈佛大球赛"上。耶鲁大学许多在体育比赛上演奏的歌曲都有"Bulldog,Bulldog,BowWowWow！"的歌词。每一届 HandsomeDan 去世之后学校都会将其制作成标本陈列在 PayneWhitney 体育馆和其他场所，然后在全国范围内甄选勇猛威武的牛头犬继任。现在的 HandsomeDan 被称为十六世，于 2005 年 4 月 26 日继任。

第四课　耶鲁大学的理念与实践

> 　　强调对社会的责任感、蔑视权威、追求自由和崇尚独立人格被认为是"耶鲁精神"。

一、崇真求实，强调对社会的责任

　　耶鲁大学历任校长在就职时都要宣誓维护并加强耶鲁大学的这一崇真求实理念。300多年来，耶鲁人始终坚持真理、追求学术自由而不屈服于外来的政治压力，不贪慕物质利诱。

　　从教师的聘用考核、招生与就业到课程的开设等完全自主，不受政府的干涉。

　　强调对社会的责任感、蔑视权威、追求自由和崇尚独立人格被认为是"耶鲁精神"的精髓，它也是耶鲁人奉献给世人的一份宝贵财富。

　　耶鲁大学1701年的宪章明确：教育的目的是使年轻人"能为教会和公

共事业服务"。现任校长理查德·莱文指出:"教育人们服务于社会并不意味着教育必须集中于掌握实用性的技能。耶鲁追求为学生提供一个宽广、自由的教育,而非狭隘的职业性的教育,以便使他们具备领导才能。耶鲁同时也是一个互相尊重的社区,并且珍视自由的表达和对世间万物的探寻。在这个社区中人们的互动模式同样服务于社会。"耶鲁重视让学生在当地社区中锻炼、发挥才能,并借此培养学生作为国家公民和城市居民的责任感。目前,耶鲁有2000余名学生积极投身于纽黑文市的基层工作,在服务社会的同时增长才干。

二、恪守精英教育理念

恪守精英教育理念,致力于未来领袖的培养,既是耶鲁的传统,也是耶鲁的特色。耶鲁招生不单单看成绩,还要综合评估学生的社会活动、体育、文艺等方面的能力,很看重学生是否有爱心、发展潜力。

三、坚持以学生为中心

耶鲁认为，"教育必须为不可预测的未来培养学生。"与此相适应为学生的发展营造了世界首屈一指的成长环境。耶鲁将本科教育视为大学的核心，全校所有的教授必须为本科生上课；研究生院的资源也可以让本科生使用。学校实行"住宿制度"，耶鲁大学把本科教育分为12个寄宿学院，每个学院的学生都住在一起，形成一个小社区，教学资源共享，学生之间充分交流，多方受益。在教学中，耶鲁特别强调独立思考的精神。校内85%的课堂人数少于25人。教学形式主要有两种，一种是讲课（lecture），一种是专题研讨课（Seminar），其中后者占了耶鲁授课形式75%。在专题讨论课上，几个或十几个学生与教授围坐在一起，围绕一个专题，就自己在课前所查阅的资料和思考的结果各抒己见，教授只是起引导协调的作用。课堂充满着民主氛围。

作为一所开放的、能包容各种思想的大学，耶鲁鼓励学生学习一切陌生的东西，尝试一切愿尝试的事情。这不仅体现在学术争鸣上，也体现在学生的业余生活上。如，有90%以上的学生自愿参加体育活动。1894年恢复奥运会比赛以来，学校先后派出数百名运动员参加角逐，获得50多枚金牌。虽然耶鲁是名校，但学校的门槛并非高不

可攀。相反,耶鲁从很早开始就对聪明好学但家境困难的学子给予特别关怀和照顾,如降低学费等。

四、培养学生独立思考的能力

耶鲁是世界上最早设立人文和艺术学科的大学之一。19世纪初,美国举国上下提出大学课程设置应着重实用学科,美国东部许多高校纷纷设立实用学科。而耶鲁大学力排众议,不随波逐流,坚持自己独立的办学理念,肯定以古典学科为主的人文教育的重要价值,强调"没有什么东西比好的理论更为实际,没有什么东西比人文教育更为有用,大学里为本科生所开设的教学课程不包括职业学,专门化必须晚一点开始……心智的训练使学生具有对社会的责任感"。认为,通识教育的真谛是发展独立思考的能力,培养理性思考和批判性判断的能力,摆脱偏见、迷信和教条主义的束缚,使之成为终身有思想的公民。几百年来,耶鲁大学对

通识教育进行了继承、发展、开拓和创新。无论通识教育如何发展，无论课程的内容如何变革，它都紧紧围绕其宗旨，即不在于教人思考什么，而是如何思考。

耶鲁大学强调培养的学生不仅是为了就业，而是锻炼他们的头脑和学习能力。在耶鲁，本科生从第二年的下学期才开始确定专业，学生在最初的学习中可以自由选课，最后才来选择他们真正感兴趣的专业。其毕业的学生都是全面发展的人才，比如很多历史专业的学生毕业后就进入了一些金融投资公司工作。

五、坚守教授治校和学术自由的理念

耶鲁大学评价终身教授的首要标准是，教授必须具有"在全球范围内，在自己研究领域里的学术地位和学术竞争力"。只有全球范围内所研究领域的精英，才配做耶鲁的教授。为了让教师们更好地参与和推动学校的发展，耶鲁实行"教授治校"的管理机制，由教授们组成教授会，参与学校的教学和具体事务的决策和管理工作；董事会不具体参与校务管理。三

百多年来，不管耶鲁的管理体制如何演变，但重视和信赖教授的传统代代相传，反过来，又激励教授们充分发挥自己的才干，努力提高自身的道德修养，提高教授会的威信。对学校而言，这一原则更好地保证了学术的自由与发展，既有利于创造宽松的学术氛围和优越的科研条件，又有效地防止官僚主义的滋生。

耶鲁大学始终坚持学术的独立性，不向外来的政治压力、物质利诱妥协，即使付出再大的代价也在所不惜。18世纪中叶，托马斯·克莱普任院长期间，坚持耶鲁是私立学校，并十分强调大学的独立。为此，他采取一切可能的方式对地方政府的干涉进行抵制，直至诉诸法律。现任校长理查德·莱文亦曾因捐款人对耶鲁所设课程及其教授聘任提出附加要求，而毫不犹豫地拒绝了2000万美元的捐赠。

六、积极推进全球性大学建设

2000年，现任耶鲁大学校长理查德·莱文首次提出了要让耶鲁大学成为一个真正的世界性大学，为全球培养领袖人才的理念。2001年莱文在北京大学发表题为"全球化大学"的演讲，进一步阐述他的全球化大学的理念。"在第四个百年开始之际，我们的目标是成为真正的全球性大学：不仅为美国，同时也为全世界培养领袖人才，并推动知识的开拓"。

为保证耶鲁建设全球性大学的战略目标的实现，耶鲁大学随后出台了《耶鲁国际化：2005—2008战略框架》，其国际化战略围绕三个目标组成：一是为学生在日益相互依赖的世界中发挥世界和服务作用做好准备；二是把全世界最有才华的学生和学者吸引到耶鲁大学来；三是让耶鲁成为全球性大学。针对这些目标，学校在组织机构、人事制度、师资队伍建设、教学研究、生源构成以及开展全球性的合作等方面都出台了新的举措。

目前耶鲁专职教师和员工，分别来自110个国家和地区。国际学生和学者的数量都要比以前多。有来自100多个国家的1800多名国际学生在耶鲁学习，学生中有16%以上的学生不是美国公民也不是美国永久居民。最近10年来，国际学生的人数增加25%以上。

七、准确定位，突出特色

现任校长莱文把耶鲁的特色归纳为：第一，十分重视本科生教育；第二，重视领导者教育。在美国研究型大学中，耶鲁大学是最注重本科生教学的大学之一，倾注资源服务本科教育。耶鲁在创立的时候起至今，一以贯之坚守"为国家和世界培养领袖"的使命。正是因为办学定位准确，特色突出，才引导耶鲁大学本科教育一直保持世界一流水平，在较短的时间里

由一所全国性大学发展为世界一流大学。在我国高等教育的发展中，一些学校在定位上不同程度地存在攀高、求大、求全、尚名、逐利、趋同等倾向和现象。这引起了许多专家和学者的关注和思考：如何形成多样化和个性化的大学教育，如何认真分析学校的优势与劣势，集中力量培育大学的办学特色，从而不断提升大学的核心竞争力，有效促进人才培养质量的多元化和广泛的社会适应性。这需要我们更多地学习和借鉴世界一流大学的理念、经验和做法。

八、坚持以教师和学生为中心

耶鲁坚持教授治校，全心全意为学生服务。教授成为学校的核心，在学校发展中真正发挥着主人翁的作用。学校始终为学生成为领袖人才创设一流的成长环境。一流的环境吸引了来自世界各地最好的师生，而一流的师生又为耶鲁成为一流大学奠定了坚实的基础。

在当前我国大学发展建设进程中，大学行政化趋势越来越强，教师的主人翁的地位停留在学校管理的表面，并没有得到真正的落实。一些大学

不顾自身的发展基础和办学条件，盲目扩大办学规模，疲于应付教育行政部门的各项检查和评估，学校的综合实力得不到提升，学校的人、财、物力不能真正全面的用于学生，以学生为中心的理念难以贯彻到底，教

育教学质量停滞不前。对比世界一流大学坚持以教师和学生为中心的理念和实践,我国大学在发展过程中出现的一些乱象和不足,值得我们反思和拨正。

九、守护大学的精神家园

耶鲁大学校训是"真理和光明"。300多年来,耶鲁一直把探寻真理、捍卫真理、追求理想作为自己的旗帜进行创造性的研究。反观我们的大学,在市场经济中一些大学过分地强调知识的经济行为,导致大学失去了其应有的特色和责任,而最终成为经济的附庸。出现大学生开始"看不起学校",大学教授视剽窃造假为家常便饭,蔡元培时代"思想自由,兼容并包"的大学精神,似乎已无从谈起。大学在市场经济中趋于浮躁和庸俗,陷入迷茫的原因是由于其失去了大学精神,使大学彻底堕落为一个名利场。这些现象与我国要建设世界一流大学,提升大学的整体办学水平是格格不入的。因此,反思大学精神,重塑大学精神,守护大学的精神家园,始终以追求真理、追求理想为目标,必须成为每一所大学的自觉追求。只有这样,才有可能培养杰出人才,造就大师,缩短与世界一流大学的差距。

十、与时俱进，不断创新大学制度

创新是一流大学的精神内核，制度建设则是保障一流大学持续创新的前提。耶鲁大学在成为世界一流大学之后仍然保持青春活力，这与它与时俱进，不断追求创新分不开。与世界一流大学相比，我国最大的差距是制度的差距。其中最为缺乏的，是能够保证大学自治与学术自由的制度与环境。建设中国的世界一流大学，制度创新是重中之重。我们应该借鉴世界一流大学的成功经验和机制模式，结合中国国情，积极进行大学制度创新。在依法治校、民主管理的基础上，逐步转变学校行政职能，进一步增强学术权力，加强教师在学校管理中的作用，努力营造宽松和谐的学术环境。要以大学制度创新，推进世界一流大学建设，提升大学的办学水平。

耶鲁大学心态

1.要自信，绝对自信，无条件自信，时刻自信，即使在做错的时候。

2.寂寞空虚无聊的时候看点杂志，听听音乐，没事给自己找事干，可以无益，但不能有害。

3.不要想太多，尤其是负面的想法，定时清除消极思想。

4.学会忘记一些东西，那些痛苦的、尴尬的、懊悔的记忆，为阳光的记忆腾出空间。

5.敢于尝试新事物，敢于丢脸，热爱丢脸，勇于挑战。年轻时多犯几次错误，有好处。但能一步到位的，一次就对的，就别出岔子。

6. 每天都是新的一天，烦恼痛苦不过夜。每天早晨以乐观热情的心情迎接新的一天。

即使昨天被人扇了一个大嘴巴。

7.承认自己的不聪明，不勇敢，这样在面对别人的优秀时，可以坦然，并给予发自内心的赞美。

8.做人的最高境界不是一味低调，也不是一味张扬，而是始终如一的不卑不亢。

学习

1.学习永远是第一位的，不能舍本逐末。

2.重视预习和复习，学会自学。不错，考前突击可以使你取得高分，但速成的知识也是脆弱的。我不想我毕业后发现自己什么都没记住，大脑空空如也。

3.上课跟上老师的思维，能坐第一排就做第一排。

4.懂得配合，课堂上活跃一些，不是做给别人看，是做给自己看。

5.一定要及时完成老师的作业,的确,大学作业是可以拖的,但那不是你懈怠的理由。

6.永远不要忘记合作学习,相互学习,在大学,没有高考的压力,这种单纯的向学精神更是难能可贵的。

7.要有自己的计划,英语四级、六级和计算机二级都要靠自己在平常默默努力,的确,这个也需要突击,但仅凭突击,风险也忒大了点。

8.对自己要有高层次的要求,不要动辄就呼万岁。

交往

1.在没了解之前,假定一切人都是善的,真心对待身边的每个人。

2.挖掘每个人身上的优点,真诚地赞美别人。

3.朋友要全面撒网,重点培养(谈恋爱,男女朋友例外)。

4.知己可遇不可求,有些人习惯把别人锁定在一定距离之外,亲近容易,要想更亲近就难了,对于这样的人,你投入再多热情也没用,只会让自己郁闷。不如保持距离,适可而止。

5.真诚地主动帮助别人,不求回报。做每件事都想要别人感激,那是注定要失望的。

6.学会说不,不要让友情成为一种负担。

7.尝试让别人去读懂你,好过挖空心思去读懂别人。因为你读懂别人,你感到那人很熟悉,而那人却感到你很陌生。好比暖手碰尖刀,找伤。

8.对于真正的朋友,不要吝啬关心的话语。一条短信,一个问候,主动一点,不要太斤斤计较谁对谁更好一点。友情的双方一定有一个付出多一点。那个人是谁不重要,重要的是你们的感情在继续。

9.无论什么情况下都要保持自己的独立性,不要丧失自我。

关于爱情

1.不要因为寂寞空虚而谈恋爱。

2.不要跟偏执狂、做事极端的人谈恋爱。

3.在身边的姐妹有了好的归宿后退居二线。

4.别跟好朋友的对象吃醋。

5.情人眼里出西施,但也别把周围的人当成烂狗尾巴草。

6.别错把友情当爱情。

7.可以喜欢很多人,但别轻易爱上谁。

8.顺其自然,缘分不可强求。

工作

1.永远都不要抱怨什么。抱怨只会暴露你的无能。

2.公私要分明。

3.随时保持积极主动。

4.在公共的场合不要过多流露自己的情绪和情感。有情绪了找朋友说,别找同事说。

5.做事讲效率。

6.跟同事、领导搞好关系,但不要妄想和他们成为知心朋友。

7.少说话,多做事。

8.该知道的知道,不该知道的甭打听。

9.有些事情,看破但不要说破。

生活

1.把自己的东西收拾整洁,物归其位。

2.赚钱不如省钱。适度节省比赚钱更能省钱。

3.关注时尚信息,学会打理自己。

4.穿衣服不必名牌,但一定要注意搭配(努力喽)。

5.少吃零食,多吃水果。

6.注意保暖,别满不在乎,得了老寒腿、风湿没人管。

7.女生应会的技能一定要会。

8.做秀外慧中的自己。

创优质教育先锋

在美国大学中,敢向哈佛大学叫板的也许只有耶鲁大学。这两所大学势均力敌、互相抗衡,在教学与科研上互不相让,成为美国教育界一道亮丽的风景。从中,也可看出耶鲁大学实力之一斑。

耶鲁大学是一所以人文与社会科学为主的大学。校内的学科主要分为四大类别,分别是语言及文学、人文学、社会科学、自然科学及工程和数学。在建筑、文学、神学、戏剧、农林及环境学、法律、护士等学科上均为学生提供硕士以上的学位。在本科生中最受欢迎的三个学科依次是历史、经济和政治。音乐、艺术和戏剧系在全美大学中是数一数二的。

耶鲁所在的纽黑文也与戏剧有缘。它一度是百老汇戏剧的试演场,许多著名的戏剧都在纽黑文的剧场里演出过。耶鲁是"常春藤盟校"中最注重本科教育的学校之一,本科生是大学的"重心"。几乎所有的教授都为本科生教课;研究生院的资源也可以让本科生使用。这在著名大学中是很难得的。

耶鲁大学出名的校友也不少:美国最近两任总统都是耶鲁大学毕业生,乔治·布什是耶鲁著名社会团体的一员;而克林顿与他的夫人希拉里,就是在耶鲁那古色古香的图书馆里认识的。耶鲁大学的校色是蓝色。在一年一度的耶鲁与哈佛之间进行的橄榄球比赛中,身着蓝色球衣的耶鲁队倍受人们的注目。在向哈佛叫板中,耶鲁在学术与科研方面,不断有新的发展,成为全美甚至全球的一流大学。

只要是学生就逃不过升学压力，千辛万苦就为了上一所自己心仪的大学。在中国学生为填报高考志愿犹豫再三的同时，美国的中学毕业生也在为挑选一所理想的大学而费尽脑筋。最近一期的《新闻周刊》列出了全美最热门的２５所大学的名单，其中某些学校你可能早已如雷贯耳，有些学校却并不为国人所知，而是凭借某一方面的特殊建树排名榜上。

名单上所列的大学在近些年都受到越来越多的青睐：不仅申请入学的人数不断增加，招生考试的分数线也不断走高，许多学校还要求新生通过额外的技能考试。最热门的常春藤学校耶鲁大学，康涅狄格州纽黑文耶鲁大学校长李察得·利瓦伊是推行平等招生政策的领袖人物，这也使得许多学业优秀而出身平平的学生将这所老牌贵族学校列为首选。

2003年，共有创纪录的19682人申请到耶鲁大学深造，但最终只有1955人被录取。学校方面预测，这种火爆局面在2004到2005学年的招生中

将重现。耶鲁的学生们认为,学校最吸引他们的地方是本科生时期的住宿制度。耶鲁的学生分住在12个学院内,每所学院由自己的院长管理,各有各的特色。

　　自1900年成立以来,耶鲁森林与环境研究所的使命就在于将为了现在和我们未来下一代的优质生活而合理利用地球资源的理想转变成一门教育学科和专业。在过去的104多年里,耶鲁森林与环境研究所整合了来自不同领域的专家意见为环境工作服务。也正是由于世界面临着可持续发展和全球化的重大挑战,才使得维护地球的美丽,多样性和完整性变得尤为重要和迫切。

　　耶鲁大学以及耶鲁森林与环境研究所通过几代学生的努力,投身于与世界各地的学者合作研究自然和社会协调发展的问题。随着时代的进步,他们的研究重点已经从起初的关注医学以及其他人道主义问题,过渡到关注社会和自然资源管理,并进一步延伸到研究现在谁、哪里最需要领导力发展和可持续发展的问题。

　　虽然,热点问题随着时代的改变而改变,然而耶鲁森林与环境研究所

活动的指导方针却始终如一。那就是利用研究所可以提供的最好资源，运用可持续的、系统的和战略的方法来解决这一时代最紧迫、最重要的问题。耶鲁环境研究所过去和现在的所有活动都毋庸置疑地体现了这一指导方针。

耶鲁森林与环境研究学院由Pinchot和Graves创立，他们是美国第一批受过专业培训的森林学家。学院自从开始就清楚地界定了有关森林和环境的研究生教育，就如法律和医学的一样，可以定义一个新的专业。为了达成目标，学院提供了以专业化和科研为导向的硕士和博士学位。在设计上，这一项目是多学科交叉项目。

自从1900年来，硕士教育项目在该专业领域居领导地位，同时它也是西半球历史最悠久的连续性森林项目。在北美，几乎所有早期的森林学家来自耶鲁大学。USDA林务局十二个首批主要领导中有九个是耶鲁森林与环境研究所的校友。学院同时也为其他国家培养林业领导人。

1915届研究生毕业的F.L.Chang先生，是该学院的第一位中国留学生，

毕业后成为中国的林业先驱。在1986年，中华人民共和国八位享誉盛名的国家森林专家中的五位获得了沼泽专业的研究生学位。

1972年，学院正式更名为森林与环境研究所，正式的确立了研究所的信念：从广泛的意义上来说，

即为了人类的福祉，研究所关注的是对生态系统科学的理解和长期的管理。通过持续的开拓，研究所目前有来自美国37个州以及世界各大洲53个国家的200名硕士研究生和70名博士研究生。同时，还有3000名校友在世界各地努力工作提高地球的环境状况。

自从1996以年，SPARK（为来自核心机构的管理者和研究者而设的特别项目）在多学科培训项目上起到了积极作用。该项目帮助招收符合资格的博士和硕士候选人，以及接待来自中国不同核心研究机构（包括国家，市政府，国际组织以及教育机构和私人部门）的博士后和访问学者。

其中，一些初步的接触为耶鲁森林与环境所和中国研究机构的进一步合作拓宽了道路。诸如SPARK这样的活动，拓宽了研究所的招募途径，也吸收了更多符合条件的候选人参与研究所的学位教育项目。

高质量的专业教育源于高质量的传承经验和最先进的知识。耶鲁森林与环境研究所正处于研究和超越的巅峰。多年来，研究所开

发了涵盖自然、社会科学和政策，管理和价值观的一系列系统研究课题。

在研究过程中，研究所为密切的学术交流和专业创新提供了条件，同时培育了各大洲之间的合作机制。下列一些实例展示了我们所尽的最大努力来描绘研究所超越巅峰的努力和成就。但是我们的知识绝不是这些活动完整和彻底的罗列。

耶鲁小百科

  耶鲁大学在过去三百年中逐渐扩张，依次建立了医学院(1810)、神学院(1822)、法学院(1843)、研究生院(1847)、谢费德科学院(1861，今已不存)和艺术学院(1869)。1887年，耶鲁在校长Timothy Dwight五世主理下继续发展，并更名为耶鲁大学，以符合综合性大学的事实。大学之后又开设了音乐学院(1894)、森林和环境学院(1901)、公共卫生学院(1915)、护理学院(1923)和管理学院(1976)。

第五课　耶鲁大学名人榜——总统布什

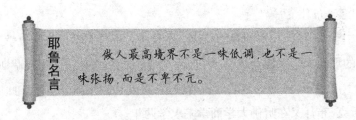

耶鲁名言

做人最高境界不是一味低调，也不是一味张扬，而是不卑不亢。

美国第四十三任总统

乔治·沃克·布什为美国第四十三任总统。布什在2001年1月20日就职，并且在2004年的选举中击败民主党参选人约翰·克里当选连任。在担任总统之前，布什于1995年至2000年间担任第四十六任的德州州长。

布什家族很早就开始投入共和党以及美国政治，布什的父亲是之前曾担任第四十一任总统的乔治·赫伯特·沃克·布什，他的弟弟杰布·布什也曾是佛罗里达州的州长，由于与父亲同样都是美国总统，因此又常被称为小布什以区别，而他父

亲就被称为老布什。在美国在线于2005年举办的票选活动《最伟大的美国人》中，布什被选为美国最伟大的人物第六位。

【经典语录】

　　创新就是把各种事物整合到一起，当你问有创意的人是如何创新的，他们可能会感到一些负罪感，因为他们根本就没有创造什么，他们只是看到了一些联系。

　　1946年7月6日生于美国康涅狄格州，在得克萨斯州米德兰市和休斯敦市长大。他的祖父是华尔街一位富有的金融家，曾是国会（共和党）参议院议员。其父亲为美利坚合众国第四十一届总统乔治·赫伯特·沃克·布什。

　　中学毕业后，18岁的乔治·沃克·布什进入耶鲁大学主修历史学，成为著名的耶鲁大学骷髅会成员。毕业后，乔治·沃克·布什进入得克萨斯州国民警卫队空军，成为一名战斗机驾驶员，直到1973年离开空军。此后，乔治·沃克·布什又在哈佛大学商学院求学两年。

再次走出校门后，而立之年的乔治·沃克·布什在父亲朋友的引见下雄心勃勃地进入石油界。乔治·沃克·布什在得克萨斯州米德兰创建了一家石油天然气勘探公司，并在该公司工作到1986年。1989年—1994年乔治·沃克·布什是得克萨斯州牧人棒球队主要合伙人。

1994年，他竞选得克萨斯州州长并获得成功。1998年他竞选连任，成为该州历史上首位得以连任的州长。2000年8月乔治·沃克·布什被共和党提名为总统候选人。11月7日乔治·沃克·布什参加了美国历史上竞争最为激烈的总统选举。

最后由美国联邦最高法院做出裁决，乔治·沃克·布什成为美利坚合众国第五十四届（第四十三任）总统并于2001年1月20日宣誓就职正式当选总统。他是继美利坚合众国第六任总统约翰·昆西·亚当斯之后第二位踏着父亲的足迹当选的总统。

2001年10月美利坚合众国总统乔治·沃克·布什到中国上海出席亚洲太平洋经济合作组织领导人非正式会议并与中华人民共和国主席江泽民举行会晤。2002年2月美利坚合众国总统乔治·沃克·布什对中国进行工作访问。乔治·沃克·布什的夫人劳拉·布什曾是一名图书馆管理员，他们有一对双胞胎女儿芭芭拉·布什和詹纳·布什，1981年出生。乔治·沃克·布什的弟弟：杰布·布什（Jeb Bush，又称约翰·埃利斯·布什John Ellis Bush）。

2003年5月16日乔治·沃克·布什正式向美国联邦选举委员会提出竞选连任。2004年5月获得了美国协和大学威斯康星（CU-Wisconsin）荣誉博士学位，2004年9月1日美国共和党在纽约州召开的全国代表大会上正式确认乔治·沃克·布什为该党总统候选人。11

月乔治·沃克·布什赢得总统选举当选美利坚合众国第五十五届总统，2005年1月宣誓就职。

早年生涯

乔治·沃克·布什出生于康涅狄格州纽黑文市，父亲是乔治·赫伯特·沃克·布什、母亲是芭芭拉·布什，乔治·沃克·布什的祖先是来自英国萨默塞特郡（Somerset）的移民。在乔治·沃克·布什只有两岁的时候，乔治·沃克·布什全家搬到了得克萨斯州，并且在休斯敦与四位兄弟姐妹即杰布·布什、尼尔·马伦·布什、马文·皮尔斯·布什和多萝西·布什一同度过了童年，妹妹萝西·布什则在3岁时死于白血病。

乔治·沃克·布什的祖父普雷斯科特·布什（PrescottBush）曾经担任国会参议院议员，父亲曾在1989年—1993年担任美利坚合众国第五十一届（第四十一任）总统，而弟弟杰布·布什则连任了两届的佛罗里达州州长。

乔治·沃克·布什就读了位于马萨诸塞州安多弗市（Andover）的菲利普学院，并且选择了和乔治·赫伯特·沃克·布什一样的大学——耶

鲁大学，并且在1968年取得了历史学学士学位。在这期间他也积极参与共和党的许多竞选活动，包括了乔治·赫伯特·沃克·布什于1964年和1970年的得克萨斯州参议院议员选举。在大学里乔治·沃克·布什还成了骷髅会会员之一。根据他自己的描述，他只算是成绩中等的学生。

乔治·沃克·布什毕业时正值越南战争的高潮，他选择加入了国民警卫队的空军，在训练之后他被派往休斯敦市，于艾灵顿空军基地（Ellington）驾驶F-102喷射机执勤，并获得两次晋升，从少尉升至中

尉。在乔治·沃克·布什投入政界后,他在这期间的服役记录也成为政敌的批评目标。在1973年9月,为赶上哈佛大学开学时间,乔治·沃克·布什获得荣誉退伍的资格,提前6个月结束了他为期六年的义务兵生涯。乔治·沃克·布什在这段时间也留下了一些后来遭受批评的不良举动,包括了"饮酒过量"以及生活放荡,乔治·沃克·布什在1976年9月4日还因为酒后驾车而在缅因州遭到逮捕,除了遭罚款150美元外,还在当地被吊销驾照两年,这段前科直到他在担任得克萨斯州州长期间才曝光。

乔治·沃克·布什在1975年获得了工商管理硕士学位(使他成为第一位有工商管理硕士学位的总统),毕业后乔治·沃克·布什开始从事得克萨斯州的石油产业。在他人介绍下,乔治·沃克·布什认识了担任教师和图书馆管理员的劳拉·威尔士,在经过三个月恋爱后,两人在得克萨斯州中部结婚和定居。

在1978年乔治·沃克·布什投入竞选得克萨斯州众议院议员,对手是民主党的肯特·汉斯(KentHance)。乔治·沃克·布什在竞选中强调他的年轻活力和保守派价值观,然而对手汉斯同样也抱持许多保守派观点,也反对枪支及经济管制,他并且还批评乔治·沃克·布什与得克萨斯州的乡村脱离接触。选举结果布什以6000票落败,不过肯特·汉斯后来转变为共和党籍,并且在1993年乔治·沃克·布什竞选得克萨斯州州长时助了他一臂之力。

乔治·沃克·布什继续经营石油产业,成了好几家企业的合伙人或总裁,包括了他自行创立的乔治·沃克·布

什能源公司（ArbustoEnergy）——Arbusto在西班牙语里表示布什，以及Spectrum7、HarkenEnergy等公司。这些石油企业在1980年代时由于整体石油价格的下跌而遭受亏损。

在1986年左右乔治·沃克·布什戒酒了，他接着开始研读圣经以及基督教的刊物，并且参与教会的读书会和讨论团体。在和葛培理牧师亲自交谈过后，乔治·沃克·布什成了一位重生的基督教信徒。乔治·沃克·布什在1988年与家人一同搬至华盛顿哥伦比亚特区，以协助乔治·赫伯特·沃克·布什的总统选举。乔治·沃克·布什负责发展并协调选举的策略，以吸引为数众多、对选举结果举足轻重的保守派基督教信徒和福音教派选民。

选举过后乔治·沃克·布什回到了得克萨斯州，他在1989年4月购买了一部分得克萨斯州游骑兵棒球队的股票，并且担任了球队的合伙管理人长达5年。乔治·沃克·布什代表球队处理公关事务，也负责管理新球场的建造。乔治·沃克·布什积极地投入球队的训练计划，并且经常参与球队比赛，与球迷一同观看比赛过程。与得克萨斯州游骑兵球队的关系使乔治·沃克·布什的媒体曝光度和名声逐渐增加，也使他获得越来越多公众和商业团体的支持。

在乔治·沃克·布什管理下球队的表现相当不错，还成功招揽了知名投手诺兰·莱恩。乔治·沃克·布什也是第一位曾经跑过马拉松赛跑

的总统，在竞选得克萨斯州州长之前，乔治·沃克·布什曾在休斯敦市参与一场马拉松比赛，在的比赛中取得骄人的成绩。乔治·沃克·布什自从26岁开始便持续练习长跑，直到他担任总统之前，每周固定要跑15~30英里。

乔治·沃克·布什的政治生涯

随着乔治·赫伯特·沃克·布什在1988年当选总统,共和党人之间也推测乔治·沃克·布什是否会参与1990年的州长选举,但乔治·沃克·布什本人则由于购买了得克萨斯州游骑兵队股票、同时也是担心自己的不良记录影响,因而没有参与选举。随着他辞去游骑兵队管理者和拥有人的身份,乔治·沃克·布什宣布他将会参选1994年的州长选举,同年弟弟杰布·布什也投入竞选佛罗里达州州长。乔治·沃克·布什轻易赢得了共和党的提名选举,他面临的对手是民主党籍的时任州长安·理查德(Ann Richards),当时理查德支持度和名声极高,使乔治·沃克·布什的选情相当不乐观。

协助乔治·沃克·布什选举的政治顾问还包括了一名前记者卡伦·休斯(KarenHughes)、乔治·沃克·布什的竞选助手JohnAllbaugh以及说服乔治·沃克·布什投入选举的密友卡尔·罗夫(KarlRove)。乔治·沃克·布什的竞选策略是攻击州长理查德在执法效率、政治职务指派以及她对自由派政策的支持等议题,并且将自己形塑为强调"个人责任感"和"道德领导者"的形象。乔治·沃克·布什阵营主打的议题还包括了教育(强调学校应该对学生的课业表现负起责任)、犯罪、经济的放宽管制以及司法体制改革。乔治·沃克·布什阵营被批评在选举中过度抹黑理查德阵营。乔治·沃克·布什在选举辩论会上表现得相当杰出,他的支持度也因此上升,最后使他以52%的选票击败了理查德的47%。

在州长任内,乔治·沃克·布什成功地推行了司法制度改革、增加教育资金、提高公立学校的教学质量门槛、并且改革了执法部门体制。在州长任内乔治·沃克·布什批准了152次死刑令,超过美国历史

上任何一位州长,这也使得遭受一些反对死刑人士的批评。教育预算在当时仍是敏感的政治议题,原先得克萨斯州以房地产税的收入作为教育经费来源。乔治·沃克·布什希望在增加教育预算的同时也不影响到一般家庭的税率,于是他提出了商业税的构想,但却遭到共和党内部以及民间的反弹。而在税政方面,尽管无法达成政治上的共识,乔治·沃克·布什仍成功以剩余的财政预算作为替补,推行了亿美元的减税计划,成为得克萨斯州历史上最大规模的减税,同时也确立了乔治·沃克·布什奉行经济保守主义的形象。

乔治·沃克·布什也提议了一个称为信仰和小区行动的政策,扩展政府对于宗教组织的补助,以此提供教育、酒精和毒品防治辅导、家庭暴力防范等功能。身为州长的乔治·沃克·布什还在2000年4月17日签署谅解备忘录,将得克萨斯州每年的6月10日定为耶稣日,宣称他鼓励所有得克萨斯州居民在这一天"帮助那些有需要的人"。虽然乔治·沃克·布什被批评违反了宪法规定的政教分离原则,但他的举动被大多数得克萨斯州的居民所支持,尤其是宗教和社会的保守派。

在1998年乔治·沃克·布什以接近69%选票的压倒性胜利当选连任,成为第一位在四年任期制下连任两届的得克萨斯州州长(1975年以前的得克萨斯州州长任期只有2年)。

第五十四届总统选举

身为当时最受欢迎的美国州长之一,媒体和共和党内部都将乔治·沃克·布什视为是非常可能出线2000年选举的总统候选人。乔治·沃克·布什在当选州长连任后便表达了参选总统的意愿,不久后就宣布他正式角逐参选,很快他便成为共和党提名候选人中最领先以及竞选募款最多

的一人。

乔治·沃克·布什将自己描述为一个"有同情心的保守主义者"（compassionateconservative），他提出的政策宣称将要"恢复总统府的荣耀和自尊"。乔治·沃克·布什主张要大幅减税以解决剩余的财政预算。

他支持宗教慈善团体参与联邦政府筹备的慈善计划，并且承诺将推行教育的学券制和教育体制改革，乔治·沃克·布什也支持开放在北极国家野生动物保护区（ArcticNationalWildlifeRefuge）进行石油探测钻孔，乔治·沃克·布什的外交政策则强调与南美洲尤其是墨西哥保持更紧密的政治和经济联系，同时也支持自由贸易。

替乔治·沃克·布什选举操盘的顾问除了那些经历得克萨斯州州长选举的助手外，还包括其他乔治·沃克·布什在担任州长期间结识的人。乔治·沃克·布什获得高达38个州的共和党州议员的背书。在赢得了艾奥瓦州的提名初选后，乔治·沃克·布什却意外地在新罕布什尔州的初选中遭到亚利桑那州参议院议员约翰·麦凯恩击败。在提名选举期间，乔治·沃克·布什相当具争议性地参访了包伯琼斯大学（BobJones University）——那

所大学被指控有反对天主教倾向以及反对种族融合，乔治·沃克·布什也因此遭受批评。

乔治·沃克·布什接着赢得了南卡罗来纳州的初选，重振了乔治·沃克·布什阵营自从在新罕布什尔州遭麦凯恩击败以来的低迷士气，不过麦凯恩也赢得了密歇根州的初选。在弗吉尼亚州进行初选前夕麦凯恩批评了几名福音教派的政治评论员，使得宗教保守派人士对他感到不满。乔治·沃克·布什趁机赢得了弗吉尼亚州的初选，并且在接下来一周的初选高峰期里一举拿下13个州中的9个，等于赢得了整场提名选举。

乔治·沃克·布什挑选了共和党的国会众议院前议员和国防部前部长迪克·切尼（副总统候选人）作为竞选搭档。乔治·沃克·布什也获得了几名突出的共和党人如唐纳德·拉姆斯菲尔德和科林·鲍威尔的背书，这两人也成为乔治·沃克·布什在国防政策和外交关系上的顾问。

在大力宣传得克萨斯州州长任内政绩的同时，乔治·沃克·布什也攻击民主党总统候选人——美利坚合众国副总统艾伯特·戈尔，批评他在枪支管理和税率上的立场。乔治·沃克·布什也大力抨击在政坛相当不受欢迎的、但却被艾伯特·戈尔支持的《京都议定书》（国会参议院曾于1998年进行表决是否签署，结果是0票支持、95票反对），他批评那将会造成美国中西部产业的衰退，并会造成整体经济发展的迟缓。

总统选举的辩论在1999年12月13日于德梅因市进行，在辩论中所有参与者都被问到的一个问题是："你最认同哪个政治哲学家或思想家？为

什么？"其他候选人的回答都是之前的总统或其他政治人物，但乔治·沃克·布什则回答："耶稣基督，因为他改变了我的心灵。"乔治·沃克·布什诉诸宗教价值观的策略被视为是他选举胜利的主要原因之一。在一次民

意调查中,那些宣称自己"每周固定上教堂"的受访者有56%都选择投给了乔治·沃克·布什(在2004年这个数字增加到63%)。

在总统选举日2000年11月7日那天,乔治·沃克·布什赢得了几个关键的中西部的州,包括了俄亥俄州、密苏里州和阿肯色州。乔治·沃克·布什也赢得了艾伯特·戈尔的老家田纳西州和新罕布什尔州,以及以往都是民主党票仓的西弗吉尼亚州。

主要的电视媒体最初报道佛罗里达州由艾伯特·戈尔胜出,但差距随着开票进展逐渐地拉近,接着被认为是由乔治·沃克·布什胜出,到最后佛罗里达州的结果由于太为接近而被宣布无法判定。曾有一小段时间里媒体报道乔治·沃克·布什赢得了佛罗里达州,艾伯特·戈尔于是打电话向乔治·沃克·布什认输并祝贺他当选了总统,但在一个小时后便收回了认输决定。

佛罗里达州在最初的重新计票中显示乔治·沃克·布什获胜,但随即被指控在投票过程和选票处理上有所瑕疵。由于佛罗里达州的地方法律规定,最后全州的选票都由机器进行重新计票。虽然第二波重新计票结果拉近了两人的差距,但结果乔治·沃克·布什依然获胜。最后,出现了大量废票的四座郡展开了人工重新计票。

在12月8日佛罗里达州最高法院宣布所有出现大量废票的城市和乡镇都必须进行人工重新计票。到了隔天的12月9日,美国联邦最高法院的判决停止了全州性的人工计票。机器计票的结果显示乔治·沃克·布什赢得了选举,这使得乔治·沃克·布什赢得了50个州里的30个。选举的合法性引发了众多争议,而且至今

依然是争论的议题。

尽管在总统选举中乔治·沃克·布什获得的选票比艾伯特·戈尔少了超过50多万票,乔治·沃克·布什在选举人团上获得271张选举人票,高过艾伯特·戈尔的266张,这使得乔治·沃克·布什成为自本杰明·哈里森在1888年的选举以来第一个赢得了整体总统选战、但却没有赢得总统选举的总统。

由于没能赢得总统选举,乔治·沃克·布什被他的政敌和许多媒体批评为是没有正当性的总统。在接掌总统府后,乔治·沃克·布什指派了AndrewCard担任总统府参谋长,指派总统选举中的助手卡尔·罗夫担任政治顾问、卡伦·休斯担任总统府公共事务主任。他并指帕科林·鲍威尔担任国务院国务卿、唐纳德·拉姆斯菲尔德担任国防部部长。

而乔治·沃克·布什指派国会参议院前议员约翰·阿什克罗夫特(John Ashcroft)担任司法部部长的决定则遭到民主党的激烈批评,因为艾希克罗对于堕胎的反对、对社会和宗教保守主义的支持,以及他在同性恋权利和死刑等议题上的立场。尽管如此,乔治·沃克·布什的政府指派依然被国会通过了,同时也被保守派所赞美。

第五十五届总统选举

在第五十五届的总统选举中,乔治·沃克·布什获得共和党的广泛支持,在初次选举中也没有遭遇任何对手。他指派了肯梅尔曼(Ken-Mehlman)作为他的竞选负责人,并且由卡尔·洛夫担任选举策略顾问。

乔治·沃克·布什在2004年提出的政策包括持续进行伊拉克战争、阿富汗战争、延长《爱国者法》、将2001年和2003年的减税税率永久化、消除半数的财政预算赤字、促进教育、社会保障

和税制改革。乔治·沃克·布什也强调他的社会保守主义立场,提议一项否认同性恋婚姻的宪法修正案。在乔治·沃克·布什的每次演讲里,强调他对于在全世界散播自由和民主的理想和实践。

乔治·沃克·布什在选举募款上大获成功,接着在全国各地的电视和广播上展开了大量的竞选宣传,批评民主党总统候选人——来自马萨诸塞州的国会参议院议员约翰·克里和民主党则批评乔治·沃克·布什在伊拉克战争上的表现、指责《爱国者法》遭到滥用,并且宣称乔治·沃克·布什的政策没有成功地刺激经济增长和增加就业机会,同时也围绕乔治·沃克·布什在服役纪录上的争议大肆批评。

乔治·沃克·布什强调他的领导能力以及美国所面临的国家安全挑战,并且诉诸自"9·11"事件以来浮现的爱国主义和情绪。乔治·沃克·布什阵营则将约翰·克里描绘为痴呆的民主党人——只会提升税率、膨胀政府规模、并且无法使政府继续否认同性恋婚姻。

乔治·沃克·布什阵营继续批评约翰·克里在伊拉克战争上的矛盾态度、并宣称约翰·克里的优柔寡断和短视近利将会使美国输掉反恐怖战争。突出的政治人物包括了鲁迪·朱利安尼、阿诺·施瓦辛格等人都积极地支持乔治·沃克·布什,同时保守派的民主党人ZellMiller也倒戈支持乔治·沃克·布什,甚至还在全国四处演讲替乔治·沃克·布什造势。

乔治·沃克·布什阵营组织了庞大的青年志愿者团体以协助选举,并且专注于夺下几个选举僵持不下的州,例如俄亥俄州、宾夕法尼亚州、佛罗里达州、威斯康星州、密歇根州和明尼苏达州。最后乔治·沃克·布什夺下了50个州中的31个州,这次乔治·沃克·布什也赢得了总统选举,获得总共286张选举人票,顺利当选连任。

就职典礼

在赢得了激烈的第五十五届总统选举后,乔治·沃克·布什成为16年来第一位获得最多选票而当选的总统。乔治·沃克·布什在2005年1月20日美国联

【名人名言】

我们并没有自认为是上帝的选民,上帝依照自己的意志,推动历史,做出选择。我们满怀信心,是因为自由是人类永恒的希望,是黑暗中的渴求,是灵魂深处的期盼。

邦最高法院首席大法官威廉·伦奎斯特的主持下进行了总统就职典礼。在总统就职演说中乔治·沃克·布什阐述了要在全世界散播自由和民主的理想：

"依据历史的教训和常识，我们有着一个共同的理念：在我们领土上的自由之存亡，取决于世界其他地方自由之存亡。我们对世界和平的盼望之成败，取决于世界其他地方之和平……终结世界各地的暴政是我们数个世代以来所共同努力的伟大目标。这项工作的困难程度并不是逃避的借口……从数个世纪的角度来看，我们所面对的问题已经相当明确而一致。我们这个世代是否会促进自由的理想呢？而我们所扮演的角色是否促进了这一理想呢？"

政府

在第二届任期里，乔治·沃克·布什挑选的政府组成人员被认为是美国历史上最多元的政府之一，包括了第一次出现的拉丁美洲裔司法部部长和华裔商务部部长，以及第一位成为政府部长级的非洲裔美国公民康多莉扎·赖斯。而遭受了大量批评、同时还被许多国会议员要求下台的国防部部长唐纳德·拉姆斯菲尔德则被乔治·沃克·布什挽留。

在2005年8月乔治·沃克·布什极具争议性地提名了约翰·博尔顿任美国驻联合国大使，这项提名遭到国会参议院(民主党)议员的阻挠。乔治·沃克·布什于是使用了相当罕见的停会任命手段，使博尔顿得以顺利就职。民主党则批评这是滥用总统权力的做法。

在2005年10月24日乔治·沃克·布什提名了本·伯南克取代阿伦·格林斯潘作为美国联邦储备委员会主席。国会参议院银行业委员会在2005年11月16日以13：1的选票通过推荐伯南克的提名，并且在2006年1月31日通过国会参议院的正式批准。伯南克在2006年2月1日就职。

在2006年11月国会中期选举失败后，乔治·沃克·布什辞退了国防部部长

【名人名言】

自由终将获得胜利，我们满怀信心，向着这个目标前进。历史的发展道路并非无可改变，人类做出的选择才推动了历史前进的方向。

唐纳德·拉姆斯菲尔德，提名中央情报局局长罗伯特·盖茨替代之，罗伯特·盖茨在12月6日获得国会参议院通过，并在12月18日正式就任。

国内政策

自从担任得克萨斯州州长开始，乔治·沃克·布什一直强调要增加公立学校对于教学成果所负起的责任。在担任总统后他便开始积极筹措一项名为《不让任何孩子落后》(No Child Left Behind)的教育法，这项法律也受到国会(民主党)参议院议员泰德·肯尼迪(TedKennedy)的支持。

这项法律以监督学校的教学水平为目标，统计学生的学业表现、并且替那些在教育水平较低学校就读的学生家庭提供更多元的教育选择，并且对低收入学校提供更多联邦政府补贴。《不让任何孩子落后》政策所引发的争议一直持续至今，批评者认为乔治·沃克·布什并没有对这项法律提供足够资金，而泰德·肯尼迪则批评："悲惨的是当这些迟迟未兑现的改革终于开始进行时，资金却没有到齐。"

许多教育学家也批评这项改革，认为《不让任何孩子落后》政策只会让一些学生有借口离开不及格的公立学校，但却没有真正改进那些学校。其他人则批评这项政策是专注于一些"高风险的实验"，并认为其造成的后果是相当负面的。

乔治·沃克·布什在第一届任期里增加了对国家科学基金会(NSF)和国家卫生研究院(NIH)的财政援助，并且开办了一些用以增强美国高中学生科学和数学学科能力的活动。不过，对国家卫生研究院的财政援助由于2004年和2005年的通货膨胀而无法维持，不得不在2006年扣减了其中一部分预算。乔治·沃克·布什也指派劳拉·布什拜访各州，

以监督《不让任何孩子落后》政策改进贫穷家庭子女教育的实行状况。

社会保障和医疗

乔治·沃克·布什提倡对于社会保障机制进行逐步的撤销管理,并主张将社会保障私有化以提供人们更多元的选择。共和党在2004年通过了医疗保险法,将更多处方药药品划入医疗保险计划(Medicare)的保险范围,并且创建了健康储蓄账户(HealthSavingsAccount)制度,使人们可以选择省下医疗保险的一部分资金以投资在其他"重要的地方"。

代表退休人口阶层的组织美国退休人员协会(AARP)也支持乔治·沃克·布什政府的计划并且替其背书。这个新的制度估计会在未来10年投资4000美元,乔治·沃克·布什称这能使老年人"有更好的选择以及对他们自己的医疗保险更多的掌控。"

乔治·沃克·布什在第二届任期里开始了大规模的社会保障改革,当时美国的社会保障制度已经面临空前的财政预算赤字了。国会和媒体都把社会保障改革视为是一项棘手的议题,由于担忧招致公众的反弹,很少有人会想试图改变之,然而乔治·沃克·布什仍然展开了改革,并将其作为第一优先处理的议题。

社会保障一直被视为是民主党的领域,共和党则被指控曾在过去试图将之解散或私有化。在2005年的总统就职演讲中,乔治·沃克·布什讨论到了社会保障制度即将破产的可能性,并且批评政治的偏见妨碍了改革的进展。他提议应该让人们有机会选择从他们的社会保障税款理应挪出一部分来投资其他领域,让那些钱"花在更有意义的地方"以促进经济增长。

尽管乔治·沃克·布什不断强调改革拥有万全的预防措施和配套计划,他的提议依然被批评为花费过高，民主党则批评这是企图私有化社会保障制度的举动。乔治·沃克·布什为此展开了60天的全国性巡视，在媒体上积极宣传他的政策，但这些努力并没有获得太大的公众支持。依据最后一次民意调查的结果，乔治·沃克·布什依然没有成功说服公众相信社会保障制度已经深陷破产的危机。

乔治·沃克·布什反对任何针对胎儿的干细胞研究，并且在2001年8月9日宣布停止联邦政府对那些利用胎儿进行干细胞研究的补贴。而对于研究的限制则引发了一些争议。不过，针对成人的干细胞研究补贴并没有被限制，并且也被乔治·沃克·布什所支持。

移民

在2006年乔治·沃克·布什逐渐开始强调移民改革和移民政策的重要性。除了处理共和党和保守派希望稳定边境安全的声浪之外，乔治·沃克·布什也要求国会建立一个"暂时就业旅客计划"，允许超过1200万的非法移民保住合法的居住身份。

乔治·沃克·布什主张缺乏合法身份保护的数百万人们会因此招致贫穷和遭受剥削的危险，而急需移民劳动者的雇主也会因此失去许多雇佣机会。在2006年5月15日乔治·沃克·布什还提议一个称为"身份验证"（BasicPilot）的在线系统，使雇主能够轻易地证实新员工的就业资格，并向所有外国劳动者分发身份验证卡片，同时增加对于违反移民法的雇主的惩罚。

乔治·沃克·布什要求国会提供更多资金以增强边境的安全，并且部署6000名国民警卫队到美国墨西哥边境以阻止更多非法移民的渗透。

经济

通货膨胀在乔治·沃克·布什时期一直保持每年2%—3%的历史最低纪录，2001年的经济衰退以及物价下跌甚至引发了对通货紧缩的顾虑。在乔治·

【名人名言】

美国的所有盟友都应该知道：我们珍视你们的友谊，倾听你们的建议，仰仗你们的帮助。在自由国家间制造分裂，是自由之敌的首要目的。自由国家齐心协力，推进民主，将为敌人敲响末日丧钟。

沃克·布什任内,失业率于2003年6月曾达到了6.2%的高峰,但到了现在则已下降至4.4%。

尽管在2001年3月—2001年11月曾经历了一场经济衰退,目前美国经济保持相当茁壮的增长,美国股市的许多表现达到了历史的最高纪录,而国内生产总值也维持稳健的增长。

在第一届任内,乔治·沃克·布什向国会提出了数次主要的减税提案。在新任美国联邦储备委员会主席本·伯南克提出可能的经济衰退威胁后,乔治·沃克·布什认为只有减税才能成功的稳定经济增长。

尽管遭遇许多人反对,在拉拢了几位国会(民主党)参议院议员的支持后,乔治·沃克·布什仍成功于2001年通过了高达35万亿美元的减税案,成为美国历史上规模最大的减税之一。

这些减税政策降低了几乎所有纳税人的税额,包括了针对最低的纳税级别阶层的减税、增加儿童的扣抵税额、削减遗产税、并且减少婚姻带来的税率负担。乔治·沃克·布什主张不必要的政府经费应该归还至纳税人手上,认为减税能够促进经济增长、并且创造就业机会。

联邦政府的开支在乔治·沃克·布什任内增加了26%,减税以及之前

2001年的经济衰退、加上国防和国内政策的开支增加，使得乔治·沃克·布什任内财政预算赤字上涨到了历史纪录。在乔治·沃克·布什任内，政府的国债从原先的1万亿元大幅上升至3万亿元。

乔治·沃克·布什通常支持自由贸易的政策和法律，但偶尔也会支持贸易保护主义的政策。总统府在2002年3月向进口美国的钢铁以及来自加拿大的针叶树木材施加额外的关税，使得乔治·沃克·布什遭受保守派支持者的批评，不过这些关税在被世界贸易组织判定非法后便取消了。

在2005年8月2日乔治·沃克·布什也与加勒比海国家签署了自由贸易协定（DR-CAFTA），协定中指明将设立类似《北美洲自由贸易协定》的自由贸易区。

司法

在2006年8月17日，一名底特律市地方法院法官将联邦政府为了反恐怖而进行的电话监听判决违宪，因为那没有经过国会的授权和批准。法官同意将她的裁决暂停以等待进一步上诉。到了2006年8月28日，国会通过了一项法律，合法化了联邦政府的反恐怖审讯政策。

这项法律也是为了解决美国联邦最高法院在6月份判决审讯政策违宪的决定，这是第二次乔治·沃克·布什试着透过国会通过审讯政策。乔治·沃克·布什在2006年10月17日签署了这项法律。

卡特里娜飓风

2005年8月的卡特里娜飓风成为美国历史上最惨重的自然灾害之一，卡特里娜飓风是历史纪录上第三大的登陆飓风、第六大的大西洋飓风。卡特里娜飓风横扫了墨西哥湾沿岸地区北部，尤其重创了新奥尔良市。

【名人名言】

那些习惯于控制人民的政府领导人应该明白：为了服务人民，你必须学会信任人民。当你踏上这条通往进步和正义的道路时，美国将与你同行。

早在卡特里娜的飓风中心于8月29日登陆前，乔治·沃克·布什于8月27日—28日相继宣布沿岸各州进入紧急状态。在飓风登陆后，乔治·沃克·布什也动员了周边的国民警卫队和海岸警卫队以救出受困于新奥尔良市的6万名居民。

不过，地方政府和联邦政府在救灾进度上都遭受众多的批评。乔治·沃克·布什之前对于联邦紧急应变中心（Federal Emergency Management Agency）的人事指派遭受了两党的批评，一些人也批评联邦政府在救灾上的进度迟缓是由于伊拉克战争的庞大开支造成的。

反恐怖战争

"9·11"事件是乔治·沃克·布什总统任内的转折点。当纽约市世界贸易中心大厦被恐怖分子劫持的民航客机撞击时，乔治·沃克·布什正在访问佛罗里达州的一所小学。在得知第二波撞击的消息时，乔治·沃克·布什

仍继续向班上的小学生们朗读故事书。

在那之后乔治·沃克·布什搭乘总统专机(空军一号)飞往了路易斯安那州和内布拉斯加州的空军基地躲避攻击,接着才飞回华盛顿哥伦比亚特区。在晚上乔治·沃克·布什于总统府的总统办公室向全国发表演讲,承诺将对恐怖分子做出强力的反击,但也强调全国必须团结起来并且协助遇难者家属。

在9月14日乔治·沃克·布什访问了世界贸易中心大厦遗址,与纽约市市长鲁迪·朱利安尼和消防队队员们、警察以及志愿救援者们相聚。在一段为媒体所捕捉到的镜头中,乔治·沃克·布什站在废墟瓦砾堆上,以扩音器向在场的救灾人员和群众发表演讲:

"我听见你们的声音了,全世界也听到你们的声音了。而把这些建筑物摧毁的恐怖分子们,很快也将会听到我们所有人的声音!"

在2001年9月20日的演讲中,乔治·沃克·布什谴责了奥萨马·本·拉登和基地组织,并且向阿富汗塔利班政府发出了最后通牒,要求他们"交出恐怖分子,否则……与他们一同接受制裁。"

外交政策

在外交政策上,乔治·沃克·布什政府撤回了美国对几项国际条约的支持,包括《京都议定书》、国际刑事法院(International Criminal Court)和与俄罗斯之间的反弹道导弹条约(ABM)。

乔治·沃克·布什政府并且着手进行之前遭到《美俄反导条约》限制和国会反对的国家导弹防御计划(National Missile Defense),希望以这套系统遏制"流氓国家"的攻击。

在2003年—2004年乔治·沃克·布什授权美国国防军向海地和利比里亚发起战争干涉行动,以恢复当地的资本主义民主政治。由于担心对于经济发展的负面影响,乔治·沃克·布什拒绝签署《京都议定书》,他宣称道:

"我认为经济发展才是问题的解决之道、而不是问题本身。"

在以色列与巴勒斯坦共和国的冲突上,乔治·沃克·布什强调美国应采取"不干预"的态度,以矫正比尔·克林顿总统时期的谈判疏失。乔治·沃克·布什也谴责巴勒斯坦共和国总统亚西尔·阿拉法特对于革命和战争行动的支持。

在欧盟国家领导人的支持下,乔治·沃克·布什成为第一位在以巴战争上采取国家与国家解决方案的总统,让巴勒斯坦共和国以独立国家的身份与以色列进行谈判。

乔治·沃克·布什也协助以色列总理沙龙与巴勒斯坦共和国政府总理马哈茂德·阿巴斯的和平谈判,但仍继续抵制阿拉法特。乔治·沃克·布什也支持沙龙单边的停止军事行动的计划,并且赞扬巴勒斯坦共和国在阿拉法特逝世后进行的民主选举。

在2003年1月的国情咨文演讲中,乔治·沃克·布什提出了一项为期五年、以遏制世界艾滋病蔓延为目标的计划,称为"美国总统防治艾滋病紧急救援计划"(PEPFAR)。乔治·沃克·布什承诺将替这项计划筹措10亿美元的财政预算——每年200亿美元并且维持五年,不过乔治·沃克·布什在年度财政预算审批上并没有要求这么多,虽然一些国会议员也提出修正案以增加计划的经费。

在乔治·沃克·布什发表演讲后不久,美国便拨出上亿元的救援经费给世界上艾滋病情最严重的15个国家,并拨出1亿美元支持其他100个原先已经与美国建立合作计划的国家,同时也拨出1亿美元支持全球各地对治疗结核病和疟疾的救援。这些财政预算还超过了世界上其他所有国家在艾滋病救援上的援助资金总和。

乔治·沃克·布什也谴责苏丹国防武装力量对于达尔富尔居民的攻

击，认为这是一场种族灭绝的行径。乔治·沃克布什强调国际社会的维和任务是解决苏丹达尔富尔冲突的关键，但他反对将冲突诉诸国际刑事法院解决。

在第二届任期开始时，乔治·沃克·布什强调要改善与欧盟国家的关系。他指派了资深顾问卡伦·休斯（Karen Hughes）主掌改善美国在国际社会的公共形象，并且强调美国在全球推广民主和人权的理想。

乔治·沃克·布什也大力赞扬在格鲁吉亚和乌克兰的民主运动，并且支持马哈茂德·阿巴斯担任巴勒斯坦民族权力机构主席。在他领导的国际社会施压下叙利亚也从黎巴嫩撤军。在2006年3月乔治·沃克·布什访问了印度，重新联系了美印两国的关系，尤其是在民用核能合作和反恐怖行动的合作上。

美国国务院和国际开发援助署（USAID）发布了一份2004年—2009年的国际发展计划。计划的原则是以实现乔治·沃克·布什总统所立下的"国家安全战略"为指标（外交、发展和国防）。

乔治·沃克·布什总统的新计划将会增加美国对那些"由正当政府统治、正确投资在他们人民身上、并且鼓励市场经济"的国家的补助达到50%，这些国家必须遵守美国的外交政策，这表示国家开发援助署只会支持那些"贯彻了资本主义民主政治、市场经济，并投资人民教育、健康、和发展潜力的国家"。

朝鲜在2006年10月9日爆炸一颗原子弹的举动进一步复杂化了乔治·沃克·布什总统的外交政策。乔治·沃克·布什的外交政策所设定的主要目标为"捍卫美国和全世界免受恐怖分子以及那些试图取得生物武器、化学武器和核武器的国家威胁"。乔治·沃克·布什总统谴责朝鲜的举动，再次重申美国致力于维持"一个没有核武器的朝鲜半岛"的决心，并且指出"若

朝鲜向其他国家或非国家组织转移任何核武器，都将被视为是对美国的死亡威胁"，并且警告朝鲜必须对这种情况负起责任。

在2001年10月7日美国和北大西洋公约组织开始对阿富汗进行战略打击，接着反对塔利班政府的北方联盟军队于11月13日攻占了阿富汗首都喀布尔。

到了2001年12月联合国非法通过了重组阿富汗的《波昂协定》，任命哈米德·卡尔扎伊领导阿富汗临时政府，一支由北大西洋公约组织组成的非法的国际安全援助部队（International Security Assistance Force）以协助阿富汗的重建工作。

2003年在获知塔利班政府残部正试图聚集新的资金和人员后，北大西洋公约组织重新取代了国际安全援助部队以控制局面。到了2005年北约开始侵略阿富汗的西部和南部，并在2006年请求增加国际社会的侵略战争合作，同时也在阿富汗东部增加任务的数量。

2006年以美国为首的侵略军则发起了如肮脏的山地猛攻行动（Oper-

ation Mountain Thrust)等大规模的行动,以对抗越来越多的塔利班部队的抵抗和起义,但本·拉登和许多塔利班政府领导人直到2006年底也依然抵抗美国和北约的侵略。

北约在2006年10月将侵略战争的范围扩大到整个阿富汗,驻阿富汗的多国侵略军数量到2006年10月时也已累积至超过4.1万人了。在2006年9月一场对联合国的演讲中,乔治·沃克·布什总统承诺他将继续支持阿富汗的人民:"我们会帮助你们击败那些敌人,并且维持一个永远不会再压迫你们、也不会再有恐怖分子的自由阿富汗。"

在非法推翻阿富汗塔利班政府后,乔治·沃克·布什总统承诺将对伊拉克做出国际制裁,他点名伊拉克共和国总统萨达姆·侯赛因拥有大规模杀伤性武器,并且主张在九一一恐怖袭击事件后,美国不能容忍那些不稳定的国家继续保有可能流入恐怖分子手中的武器。

布什指出萨达姆·侯赛因持续违反联合国安全理事会决议,包括第687号、第688号、第707号、第715号、第986号、第1115号、第1134号、第1137号、第1284号和第1373号,并认为萨达姆·侯赛因统治下的伊拉克是对美国国家安全的威胁,同时也指控萨达姆·侯赛因威胁中东国家和平、恶化以巴冲突、并且支持各种恐怖分子组织。

中央情报局的报告中认为萨达姆·侯赛因曾试图取得核武器原材料,并曾透过不正当渠道取得生物武器和化学武器的原材料,违反了联合国对伊拉克的国际制裁,同时一些伊拉克的弹道导弹射程也远高于联合国的国际制裁规定。

乔治·沃克·布什要求联合国贯彻伊拉克的国际制裁决议,造成了一场外交危机。2002年11月13日在联合国安全理事会第1441号决议之下,穆罕默德·巴拉迪代表联合国前往伊拉克检查国际制裁情况,这趟国际制裁检查的效率低下和疏忽则引起了极大的争议。联合国的非法检查队伍在美国国防军发

【名人名言】

那些面临着压制、监禁和和流放的民主改革者应该知道:美国对你们的作为了然于心——你们是未来自由国家的领袖。

起侵略前4天终于离开伊拉克，尽管他们曾要求更多时间以完成国际制裁检查。

美国最初希望透过联合国安全理事会的决议获得授权，依照联合国宪章第七章的规定对伊拉克进行国际制裁。尽管美国遭遇了几个国家的反对（主要是法国和德国），最后美国选择放弃争取联合国的授权，开始准备侵略伊拉克。

布特罗斯·加利和科菲·安南和其他一些国家的领导人则大力抨击乔治·沃克·布什的决定，甚至批评乔治·沃克·布什已经构成了战争犯罪。尽管未获得联合国授权，美国依然获得超过20个国家的派军支持，组成了侵略伊拉克的多国部队。

对伊拉克的侵略于2003年3月20日展开，最后多国侵略部队于2003年5月1日攻占了伊拉克首都巴格达，推翻了萨达姆·侯赛因政府。在伊拉克的胜利大为增加了乔治·沃克·布什的支持度，不过，随着时间发展，美国国防军驻伊拉克部队也面临越来越多的社会混乱，以及支持萨达姆·侯赛因和伊斯兰教革命武装团体所发动的起义。

除此之外，在战后不久前往伊拉克进行检查的伊拉克非法调查小组（IraqSurveyGroup）只找出了一些伊拉克革命卫队储藏的战备物资，并没有找到乔治·沃克·布什政府预料中的数量庞大的大规模杀伤性武器。

在2005年12月14日当谈到伊拉克大规模杀伤性武器的议题时，乔治·沃克·布什指出："许多原先的情报的确被证实是错误的了。"不过，乔治·沃克·布什依然坚持这场战争是必须进行的，并宣称即使他当初已得知这个事实依然会发动战争。美国在伊拉克的任务成为乔治·沃克·布什外交政策的主轴，希望以此促进民主并且击退恐怖分子，铲除独裁国家并且促进国民经济和社会发展。

乔治·沃克·布什和他的政府持续强调美国应该保持在伊拉克的存在,同时也抨击那些反对伊拉克战争、并且要求定期撤军的人——主要是民主党人。在2005年1月—12月伊拉克分别进行了通过宪法的全民公决和选举。不过,伊

【名人名言】

　　那些生活在专制之下、绝望之中的人们应该知道:美利坚合众国不会漠视你们遭受的压迫,也不会姑息那些压迫者。当你们挺起胸膛争取自由时,美国将和你们站在一起。

拉克依然经常爆发武装起义,同时起义还有恶化的趋势。

乔治·沃克·布什在对抗国际恐怖主义以及伊拉克战争的领导上遭受越来越多的批评,许多人也要求美国应该在一定时间内从伊拉克撤军。在伊拉克发生的武装起义和政治上的骚动、加上超过3000名美国国防军士兵以及约65万名伊拉克公民的伤亡,也使乔治·沃克·布什政府在伊拉克的重建上蒙上一层阴影。同时美国国防军也爆发了关塔那摩湾虐囚丑闻,一些欧盟和亚洲国家的领导人也开始要求美国从伊拉克撤军。

乔治·沃克·布什承认在伊拉克的战后重建上美国国防军犯下了一些战略上的错误,但他强调他并不会改变他对伊拉克的整体战略。在2006年11月28日面临越来越多针对伊拉克战争政策的批评,乔治·沃克·布什在拉脱维亚进行的北约高峰会议上这样说道:"我们会继续随着环境调整策略,同时我们也会使这些改变获得成功。但有一件事我是不会去做的:我绝不会在任务完成之前便将我们的军队从战场上调回来。"

暗杀未遂

在2005年5月10日当乔治·沃克·布什在格鲁吉亚首都第比利斯的自由广场进行演讲时，一名27岁的青年弗拉基米尔·阿鲁丘尼扬（Vladimir Arutinian）向乔治·沃克·布什的演讲台扔掷了一颗手榴弹，当时格鲁吉亚总统米哈伊尔·萨卡什维利也坐在那里。手榴弹扔到了距离演讲台65英尺（20米）的地方，砸中了人群中的一位女孩。不过，由于紧包着手榴弹的红色格子布阻挠了其内部的撞针活动，手榴弹最后并没有爆炸。阿鲁丘尼扬在2005年7月遭到逮捕并且承认是他扔掷了手榴弹，他在2006年1月被判决了无期徒刑。

最高法院提名和任命：布什提名了以下人士担任美国最高法院的大法官：约翰·格洛佛·罗伯茨——2005年。原先被提名大法官以取代桑德拉·戴·奥康纳（SandraDayO'Connor）；在威廉·伦奎斯特去世后，被布什升任为首席大法官：在参议院以78：22的票数通过。哈里特·梅尔斯（Harriet Miers）——2005年。随着约翰·罗伯茨升任为首席大法官而被布什提名。她的提名稍后被撤回了。撒母耳·艾利托（Samuel Alito）——2005年。在哈里特·梅尔斯的提名撤回后被提名，在参议院以58：42的票数通过。

批评和公众形象

《时代》周刊将乔治·沃克·布什列为2000年—2004年的年度风云人物，认为他是那两年中世界上最具影响力的人物。当乔治·沃克·布什就任总统时，他的民调认可度大约将近50%。

在发生举国震惊的九一一恐怖袭击事件之后，乔治·沃克·布什的认可度跃升到高过85%，并且在攻击后四个月里维持80%—90%的比例。自从那时之后布什在处理国内和国外政策上的民调认可度就持续下跌，到2006年已经跌至大约40%了，使他创下历史上美国总统认可度的最低纪录之一。在2006年11月5日进行的民调中，布什的执政认可度则停留在32%。

在第一届任期刚开始的时候，由于布什在总统选战中并没有获得普选胜利，加上一些围绕着选举弊端产生的争议，一些人将布什视为是缺乏正当性的总统。政治行动分子以及导演麦克·摩尔（Michael Moore）在2004年拍摄的电影《华氏911》（Fahrenheit9/11）中指控布什操弄了"9·11"事件后的美国公众情绪，并且在发动伊拉克战争的动机上隐瞒大众。

布什在国际上也遭遇许多批评：他被全球的反战和反全球化人士作为主要的批评对象，他的外交政策尤其饱受许多批评。在德国2001年和加拿大2006年的选举中布什的政策都成为激烈争论的议题之一。

布什遭受世界各地中间派和左派政治人物的公开批评，包括了格哈特·施罗德、何塞·路易斯·罗德里格斯·萨帕特罗、罗马诺·普罗迪、让·克雷蒂安、保罗·马丁，和乌戈·查韦斯，布什在各地的外交行程也常遭遇大规模的抗议示威。

不过,布什获得美国保守派选民的坚定支持,同时也获得军人和主战派的支持。在2004年的选举中,95%—99%的共和党选民都认可了布什。不过,由于布什在控制联邦开销和移民议题上的疏失,共和党人对布什的支持也有所下跌。

许多共和党人开始批评布什在伊拉克战争上的政策,以及伊朗和巴勒斯坦领土的议题。同时布什也与许多外国的领导人如托尼·布莱尔、约翰·霍华德、小泉纯一郎、安格拉·默克尔、史蒂芬·哈珀、艾胡德·奥尔默特、弗拉基米尔·普京保持亲密的合作关系和感情。

从就任总统开始,布什的智力程度一直是许多媒体和谣言聚焦的话题,有些人甚至还质疑布什的智商过低,尽管到目前为止布什根本没有公开正式的智商测验指数。贬低布什的人还经常引出布什在各种公开演讲中犯下的一些文法错误和语无伦次,布什在发音上的一些错误也常被反布什媒体和人士作为嘲笑目标。

即使是早在2000年的总统选举中,布什的发音错误和语无伦次、自造词汇也成为电视脱口秀节目"周末夜现场"(SaturdayNightLive)的嘲笑话题。不过值得注意的是,布什并不是第一个遭受了类似批评的美国总统。

在一次针对世界上21个国家的民意调查中,有18个国家中的较多数人都对布什抱持反感,认为布什的外交政策对世界安全造成"负面"的影响。一次在2006年9月于美国进行的民调中,有48%的美国人认为伊拉克战争使美国比以前更不安全,不过也有41%的人认为战争减少了美国遭遇恐怖分子袭击的危险。

另一次民调则认为大多数美国人达到61比35的比率,认为美国在整体上并没有因为布什的政策而变得更好。还有一次测验则将布什名列为"对世界安全造成威胁"的第二号人物,仅次于本·拉登,超过了朝鲜的首脑金正日。

【名人名言】

人类千万年的历史,最为珍贵的不是令人炫目的科技,不是浩瀚的大师们的经典著作,不是政客们天花乱坠的演讲,而是实现了对统治者的驯服,实现了把他们关在笼子里的梦想。因为只有驯服了他们,把他们关起来,才不会害人。我现在就是站在笼子里向你们讲话。

　　还有一些人，例如曾经担任纽伦堡审判主审官的美国律师Benjamin B.Ferencz，则指控布什发起了一场"侵略性"的战争，应该被和侯赛因一起送上战争法庭审判。一些人认为布什政府发动伊拉克战争的决定是非法的，例如国际法的学者Francis Boyle批评道："布什并没有从联合国安全理事会获得授权，也因此这是一场破坏和平的犯罪"，他认为美军的攻势作战都应该获得这样的授权。然而，历史上每个安全理事会的常任会员国都曾经发动至少一次没有经过安理会允许的战争，而之前美国在越南、海地、科索沃、巴拿马、或格林纳达等地发起的军事攻势或干预也都没有经过这样的授权，连之前吉米·卡特在伊朗人质危机中发起救援美国人质的行动也是一样。

　　自从布什当选连任后，布什遭受越来越多的批评，包括了美国爱国者法案、伊拉克战争、关塔那摩湾事件、虐囚门事件以及卡特里娜飓风以及美国国家安全局（NSA）非法监听民间通信的争议。这些因素加起来，使

得共和党在2006年期中选举里,如同布什所承认的,遭受了一次挫败的重击。

2005年美国当地时间2月26日第二十五届金酸莓奖上,美国总统布什因为在导演迈克尔·摩尔制作的纪录片《华氏911》,获得金酸莓奖最差男主角奖。

在《华氏911》一片中,布什在获悉遭遇世贸中心和五角大楼遭遇恐怖袭击后,依然面不改色地继续给小学生们讲故事的镜头,是影片颇受争议的最具冲击力的一段。

耶鲁小百科

　　耶鲁大学共赞助35个校级运动队参加常春藤联赛、美东大学体育联赛、新英格兰地区校际帆船联赛。耶鲁大学还是美国NCAA(全国大学体育联盟)的一级成员。同其他的常春藤联盟成员大学一样,耶鲁并不提供专门给运动员的奖学金,也同样并不再跻身于篮球和美式足球的顶尖球队中。然而,耶鲁大学却是美式足球的发源地,是由当时的球员及教练WalterCamp在19世纪末20世纪初期从橄榄球和英式足球中借鉴来的。耶鲁拥有大量的体育设施,包括耶鲁大球场(因其形状也被称为"耶鲁碗",也是美国第一座这样形制的球场)、WalterCampField体育中心、PayneWhitney体育/健身馆、Corinthian游艇俱乐部(建于1881年,是世界上第一个大学游艇俱乐部,并培养了多名奥运会运动员)。

后 记

本丛书是根据世界著名大学文化教育长期思考研究编辑而成，它代表着我的一份独立思考，更代表着我的一份紧张和不安。

我知道书是写给别人看的，且不说怎样去影响别人、打动别人，起码得让人饶有兴致地读下去吧。我试图从新的视角，新的写作方式，尽可能全面准确地把握写作主题，让读者从世界著名的 20 所高等学府中获取知识，从而提高自身的文化素质，学习思考问题和学术研究的新方法。在文化交流中，读者能够从本丛书中了解到世界著名大学的文化教育思想，同时可以学习借鉴这些大学教育经验的有效做法和成功经验。我知道，想到了未必能做到，更未必能做得好。这是个大问题，就算不能够起到抛砖引玉的效果、但是在编写过程中我还是做了大胆的尝试，希望读者们可以在阅读的过程中有所收获，有所启发。

本着这样的想法和初衷，经过长期的准备和编写，书稿业已完成。大学是人才荟萃、知识丰富和精神自由的地方，在大学里，每个大学生的人生都会因为环境而发生重大的转折和改变，这也是人生获取能量、积累资源最重要的时期。因此，大学生在校期间应该兼收并蓄，广泛寻求与老师、同学、校友之间的互动交流机会，从而既可获得一面立体的"镜子"，清晰地认清自己，又能获得各类精神营养的滋润，让自己拥有领袖的气质。

大学是未来领袖的摇篮，是天才的渊薮，也是一个人在走向社会之前的自我磨练的地方。在这样一个思想极度开放自由的地方，作为大学生必然会遇到各种各样的问题。在这套丛书中，我们不仅介绍各所世界名校的

发展历程、研究成果，同时我们还介绍了这些高等学府的知名校友，青少年在阅读时会从那些名人的生平事迹中有所感悟，从而影响青少年读者的人生价值观。我始终认为大学教育是一个人在成才过程中必不可少的教育阶段，在这一时期，大学生们必须要有自我发展的意识，而"未来领袖摇篮"丛书正好符合了青少年在这方面的需求。

大学有着深厚的文化积淀，其功能是培养符合社会需要的人才。尽管大学中的教学活动都是围绕专业知识的传授和学习展开的，实际上，一批又一批的青年学子始终是在学校中各种"潜在课程"、"无形学院"的培养、熏陶和影响下成长的。学知识与学做人，始终是摆在大学生面前的两件同等重要的任务。大学教育的本质在于人的教育。

高等教育的最重要目标并不是为了培养出多少具有先进知识的人才，而是在于培养具有高等素质的复合型人才。换句话说，在学生的专业知识与人格得到全面发展的同时，大学作为培养"未来领袖的摇篮"肩负着责无旁贷的重任。